AF591038

8054 1

J.-B. ROCHE

Capitaine du Génie
Membre de la Commission franco-espagnole de délimitation
du golfe de Guinée

Au Pays des Pahouins

(Du Rio Mouny au Cameroun)

Orné de nombreuses gravures dans le texte

8° Lk 816

PARIS & LIMOGES
HENRI CHARLES-LAVAUZELLE
Imprimeur-Libraire, Éditeur Militaire

AU PAYS DES PAHOUINS

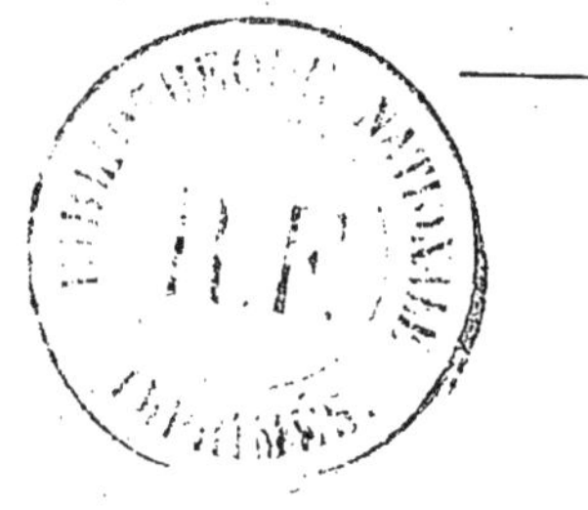

Lk 11
816

DROITS DE REPRODUCTION ET DE TRADUCTION RÉSERVÉS

AU PAYS

DES PAHOUINS

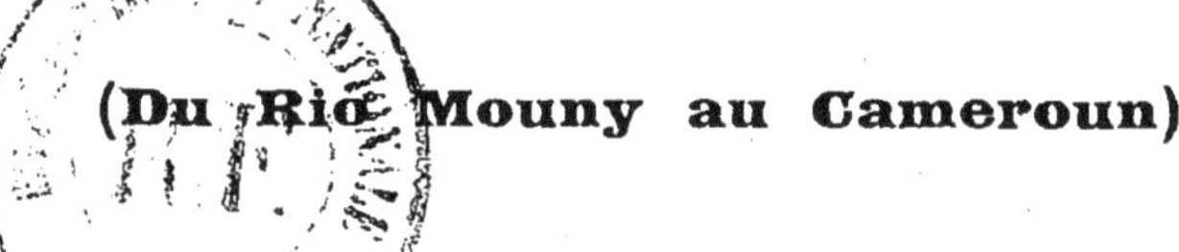

(Du Rio Mouny au Cameroun)

PAR J.-B. ROCHE

CAPITAINE DU GÉNIE
MEMBRE DE LA COMMISSION FRANCO-ESPAGNOLE DE DÉLIMITATION
DU GOLFE DE GUINÉE

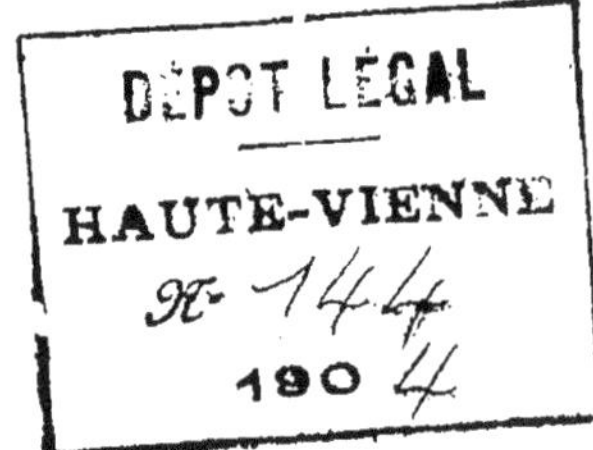

PARIS
HENRI CHARLES-LAVAUZELLE
Éditeur militaire
10, Rue Danton, Boulevard Saint-Germain, 118
(MÊME MAISON A LIMOGES)

1904

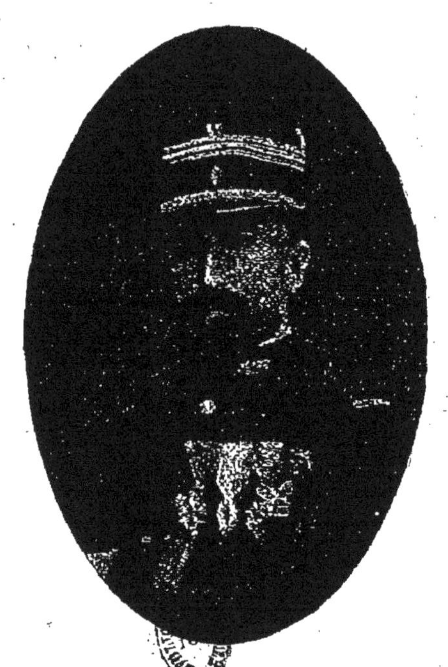

Capitaine ROCHE.

A Monsieur FOUREAU

MONSIEUR,

Par la mission mémorable que vous avez conduite d'Alger au lac Tchad et au Congo, par celles qui l'avaient précédée, vous êtes devenu l'un des plus grands explorateurs de notre époque.

Non seulement vos connaissances comprennent l'art de préparer et de diriger de grandes expéditions dans des pays lointains, mais vous avez acquis dans le domaine des observations scientifiques proprement dites une supériorité que tous les coloniaux reconnaissent.

Aussi, ayant eu l'honneur d'être mis en relations avec vous à l'occasion de votre raid au puits de Tadjenout, où, avec le colonel Flatters, avait péri mon malheureux frère, je n'ai pas hésité, avant mon départ pour la délimitation des territoires franco-espagnols du rio Mouny, à vous demander de précieux conseils sur la conduite des opérations astronomiques dont je devais être chargé.

Aujourd'hui, je viens vous dédier ces pages. N'y cherchez pas une œuvre d'ensemble, habilement combinée et se reliant entre toutes ses parties. C'est simplement la vie même de la commission de délimitation pendant les mois qu'elle a passés dans le pays des Pahouins, écrite à la hâte et sous l'émotion des événements.

J'ai retracé ce que j'ai vu, et j'ai cherché à tout

voir, à tout étudier, à tout comprendre : je me suis initié par tous les points à cette belle vie des explorateurs.

Ce sont toutes mes impressions, toutes mes joies, toutes mes craintes, tous mes enthousiasmes, toutes mes tristesses, et souvent j'ai senti ma plume hésiter devant la solennité et la grandeur des tableaux qui se déroulaient devant moi.

Je suis sûr, Monsieur, que vous lirez ces lignes avec bienveillance, et j'espère qu'elles ne seront pas pour vous sans intérêt; mais je désire surtout que vous trouviez dans cette dédicace le témoignage d'un entier dévouement et d'une bien respectueuse sympathie.

ROCHE.

AVANT-PROPOS

Parmi les phénomènes sociaux qui attirent surtout l'attention à notre époque, l'un des plus intéressants est certainement ce réveil subit de l'idée coloniale qui s'est produit après 1870, chez tous les grands peuples européens. Durant ces vingt dernières années, les principales nations civilisées, comprenant la nécessité pour elles d'ouvrir des marchés et de conquérir des acheteurs dans les pays lointains, ont adopté cette politique coloniale qui a entraîné, sur les pas des explorateurs, l'Angleterre, la France, plus tard l'Allemagne, et plus tard encore l'Italie. Les puissances ont été ainsi conduites à dépecer, en quelques années, le continent africain et à jeter aujourd'hui des regards de convoitise menaçante sur l'énorme empire chinois.

Dans ce vaste mouvement d'invasion, le rôle de notre pays n'a pas été des moindres : l'expansion coloniale n'était-elle pas pour la France le plus sûr moyen de reprendre dans le monde la place digne de son histoire? Aussi, lorsque des conventions sont intervenues entre les divers peuples de l'Europe en vue de la répartition des territoires nouveaux, de larges domaines nous ont-ils été attribués. Et la France s'est ainsi créé, par un brusque effort, un empire colonial plus vaste que celui qu'elle avait perdu au dix-huitième siècle. Les statistiques les plus récentes évaluent, en effet, à dix millions de kilomètres carrés l'étendue de l'empire colonial français, et à cinquante-cinq millions d'habitants sa population.

La période de conquête et de partage paraît aujourd'hui terminée, si l'on excepte toutefois certaines régions de l'Asie et du bassin de la Méditerranée où il est impossible que notre action ne s'exerce pas. Il y a donc lieu de mettre en valeur nos possessions nouvelles, étant bien entendu que cette formule de « mise en valeur » ne constitue pas, comme quelques-uns le voudraient, un prétexte pour pratiquer la politique coloniale du « pas d'affaires », un déguisement, un ennoblissement donné d'avance à toutes les abdications.

Avant tout, il faut délimiter notre empire colonial et savoir ce qu'il contient, en faire l'inventaire méthodique. De là, après les explorations, les raids brillants des premières années, l'origine de missions moins bruyantes certes et dont la gloire sera moindre, mais dont l'utilité n'est pas contestable : je veux parler des missions de délimitation et des missions scientifiques.

C'est dans cet ordre d'idées qu'une commission mixte, composée de membres français et de membres espagnols, a été chargée récemment de tracer la frontière entre les territoires du Congo français et ceux de la colonie reconnue à l'Espagne par la convention du 27 juin 1900.

En même temps qu'elle effectuait les travaux de délimitation proprement dits, la commission utilisait ses loisirs à reconnaître le pays encore inexploré qu'elle parcourait, à rechercher quelles sont les ressources qu'il contient, quels débouchés il pourrait offrir à notre commerce. C'est l'exposé des résultats de cette reconnaissance qui forme le but du présent travail.

Cette étude est une description, aussi exacte que possible, de choses vues, étudiées sur place, écrites posément, sans parti pris ni prétentions d'aucune sorte. Le récit a conservé la forme d'un journal, pour que, en le lisant, le lecteur refasse, pour ainsi dire, le voyage, et subisse, dans l'ordre où elles se sont produites, les impressions qu'a éprouvées l'auteur, si toutefois ce dernier les a assez exactement exprimées.

Avant de terminer ces lignes, qu'il me soit permis d'adresser l'expression de la profonde reconnaissance des membres de la section française à tous ceux qui ont bien voulu les aider dans l'organisation de la mission : en particulier, à M. Binger, directeur des affaires d'Afrique au ministère des colonies, et à M. Guy, alors chef du service géographique et des missions, qui ont bien voulu faciliter notre tâche, et dont les conseils éclairés ont été pour nous un précieux bienfait. C'est grâce à leur bienveillant appui que nous avons pu, dans les quinze jours qui nous étaient accordés pour faire nos préparatifs, parvenir à réunir le matériel, les instruments, les vivres et les renseignements indispensables.

Je dois aussi exprimer ici notre grande gratitude à M. Grodet, commissaire général du Congo français, et à M. Lemaire, alors lieutenant-gouverneur, qui ont largement contribué au recrutement de l'escorte et des porteurs; je ne puis dire avec quelle bonté ils nous ont accueillis, avec quelle affabilité ils se sont prêtés à nous donner les renseignements que nous leur demandions, si précieux et si importants pour nous.

AU

Pays des Pahouins

I

DÉPART, COMPOSITION ET ORGANISATION DE LA COMMISSION

Le 15 juin 1901, s'embarquaient à Bordeaux, à destination de Libreville, MM. Bonnel de Mézières, administrateur des colonies; le capitaine Roche, du génie, et le lieutenant Duboc, de l'infanterie coloniale, composant la section française de la commission franco-espagnole qui, aux termes de la convention du 27 juin 1900, devait tracer sur place la frontière entre le Congo français et la nouvelle colonie reconnue à l'Espagne par ladite convention.

Les attributions de chacun étaient fixées comme il suit :

1° M. Bonnel de Mézières, chef de la section, outre la direction générale, s'était réservé spécialement la partie administrative ;

2° Le capitaine Roche était chargé des observations astronomiques ;

3° Enfin, au lieutenant Duboc avait été confiée l'exécution des levers d'itinéraires.

Un détachement de 25 miliciens devait être prêté par le commissaire général du Congo pour la protection de la mission, dont les vivres, bagages et instruments seraient portés par 150 noirs recrutés à Loango et à Majumba.

De son côté, la section espagnole comprenait :

1° Le commandant d'état-major Vilches, chef de la section, qui, outre la direction générale, s'était réservé les opérations topographiques, effectuées de concert avec le lieutenant Duboc ;

2° Le capitaine d'état-major Nièves, chargé des opérations astronomiques ;

3° Le docteur Osorio, qui avait déjà fait des explorations dans la région, et à qui avait été confiée l'administration de la section.

Celle-ci avait une escorte de 10 Sénégalais et environ 80 porteurs pahouins.

Il y a lieu d'ajouter ici que cette section ne formait qu'une fraction de la commission royale de l'Afrique occidentale, laquelle, sous la présidence de M. Jover y Tovar, premier secrétaire à l'ambassade de Londres, comprenait une dizaine de membres. Pendant les opérations de délimitation, les membres de cette commission qui ne marchèrent pas avec la section française se livrèrent à des explorations et à des études destinées à étendre les connaissances que l'on possédait sur la nouvelle colonie espagnole.

Qu'il me soit permis dès maintenant de dire quels aimables compagnons nous eûmes en nos collègues, et quelle confraternité ne cessa de régner entre nous. C'est grâce à cette entente, à cette amitié de tous les instants, que nous pûmes parvenir à accomplir notre tâche, malgré les difficultés de toutes sortes que nous rencontrâmes, et qui, avec d'autres délégués, eussent infailliblement compromis notre œuvre. Je n'oublierai jamais nos excellents camarades, que je suis heureux maintenant de compter parmi mes meilleurs amis.

Je ne m'étendrai pas sur l'organisation de la colonne. Je me bornerai à justifier la force de l'escorte, qui, suivant le point de vue où l'on se place, pourrait paraître trop faible ou trop considérable; j'ajouterai enfin quelques mots sur les guides.

Il est à remarquer qu'il y a deux sortes de missions coloniales.

Ce sont d'abord celles qui marchent, je ne dirai pas « à l'aventure et sans but déterminé », mais qui, tout en ayant un objet parfaitement défini, ne sont pas liées par un itinéraire fixé d'avance, au moins en direction : telles sont les missions dont le but consiste à reconnaître une région, et qui peuvent sans inconvénient, et suivant les circonstances, changer de route. Devant effectuer une reconnaissance du pays, elles sont obligées de faire des séjours prolongés dans les localités; car elles s'exposeraient autrement à ne surprendre que les impressions de la population dans un moment d'effarement et non dans leur existence habituelle. Dans la nécessité où elles se trouvent de séjourner, elles ne peuvent comprendre de fortes colonnes, puisque le plus souvent les villages ne pourraient les alimenter longtemps en vivres. Mais dès lors ces voyageurs, étant presque seuls, sont à la merci des chefs indigènes et obligés de subir un peu leurs volontés. Leurs itinéraires se modifient donc au fur et à mesure qu'ils avancent. C'est ce qui s'est produit pour M. Binger, et plus tard pour le colonel Monteil.

Si, au contraire, une mission a un but bien déterminé, elle doit être assez forte pour imposer sa volonté sur son passage. C'est pourquoi les commissions de délimi-

M. Bonnel de Mézières. Lieutenant Duboc. Capitaine Roche.

tation sont obligatoirement accompagnées par des escortes importantes.

Cette force doit naturellement dépendre de l'état du pays visité. Chez les Pahouins, où diverses tribus ne sont pas unies, où il n'existe aucune sorte de confédération, où chaque village forme, pour ainsi dire, un royaume indépendant, il suffit d'être assez puissant pour pouvoir résister successivement au groupe des hommes armés de chaque village. Nous avions estimé qu'une trentaine de miliciens suffiraient à assurer cette protection, et ils ont suffi. Nous avons, il est vrai, rencontré souvent des difficultés, mais enfin nous sommes passés.

Quant aux guides, nous n'en avions pas, ou plutôt nous en changions à chaque localité. Un guide attitré, en effet, qui conduirait la colonne du commencement à la fin des opérations, deviendrait le véritable chef de la colonne et pourrait la mener à sa perte. Le massacre de la mission Flatters, où périt mon malheureux frère, ingénieur des mines, et plus tard celui de Crampel, n'ont pas eu d'autre cause que la trahison de leur guide. Je ne connais qu'un seul guide général possible, c'est le chef de la mission lui-même.

II

JOURNAL

Arrivés à Libreville le 5 juillet 1901, nous n'en partons pour effectuer nos opérations que le 30 de ce mois. Ces vingt-cinq jours sont employés au recrutement de notre escorte et de nos porteurs, à des achats divers dans les factoreries et à la division de nos colis en charges ne dépassant pas 30 kilos de façon qu'elles puissent être portées à dos d'homme ou plutôt à tête d'homme, puisque dans le pays on ne fait pas autrement.

Nous nous renseignons aussi sur la population que nous allons visiter. Nous apprenons, par exemple, que les Pahouins attaquent de préférence la nuit; il est donc indispensable de se garder par des sentinelles. Les sonneries de l'extinction des feux et de la diane constituent de bonnes mesures, qui font croire aux indigènes à une surveillance sérieuse; nous emmènerons donc un ancien clairon de la milice.

30 juillet.

Nous partons sur le *Sobo*, paquebot anglais fort bien aménagé. Nous passons la nuit en rade de l'île de Corisco, dont l'ancien roi nègre doit servir de pilote aux bateaux espagnols dans la rivière Mouny, et le 31 nous venons débarquer, personnel et matériel, à Pointe-Botika.

31 juillet.

Botika est un point de la côte sud de l'estuaire du Mouny, qui tire son importance de ce qu'une mission des Pères du Saint-Esprit y est établie depuis sept ans, et que diverses factoreries, presque toutes anglaises ou allemandes (une seule française, tenue par un traitant noir, appartient à la Société d'explorations coloniales), sont venues se grouper autour de la mission. Cette remarque de la prépondérance des comptoirs étrangers dans nos colonies a été faite depuis longtemps. Mais tout Français nouvellement débarqué ne saurait échapper à la désagréable impression que lui produit cette constatation. Pour mon compte, j'ai été péniblement surpris en observant ce fait à mon arrivée à Libreville, et cette impression ne devait que s'accentuer au cours de notre mission. Nous devions, en effet, rencontrer un nombre de plus en plus grand de représentants de maisons étrangères, surtout allemandes, à mesure que nous avançions vers le Nord, et enregistrer la disparition presque complète de traitants travaillant pour le compte du commerce français.

Un accueil des plus aimables nous était réservé à Botika par les Pères du Saint-Esprit (le Père Rebbe et le Frère Sylvestre). Le Père Rebbe a été le fondateur de la mission, et il a le droit d'être fier de son œuvre, car en sept ans, il a pu, avec des ressources minimes, construire de nombreux bâtiments, créer un jardin où il récolte des légumes excellents, et surtout, ce qui est le but de la fondation, attirer et instruire de nombreux enfants pahouins. Il faut, pour se rendre compte de l'effort produit et du résultat acquis, remarquer qu'il y a quelques années seulement ce coin était complètement sauvage et que les habitants y étaient même antropophages. Ils ont aujourd'hui renoncé à leurs horribles pratiques et commencent à dire quelques mots français, ce qui facilite bien la tâche de l'administration.

Les noirs prennent en même temps nos mœurs et nos idées, du moins autant qu'il leur est possible de le faire. L'éducation morale a, aux yeux des Pères, une importance de premier ordre, et ils s'en occupent avec un soin tout spécial. Bien entendu, il ne s'agit pas ici de l'enseignement religieux, mais uniquement de l'enseignement moral proprement dit. Je considère que cet enseignement, donné aux enfants noirs en même temps que l'enseignement du français, a une importance capitale pour la propagation et le maintien de l'influence française et pour la prospérité du pays. Il est nécessaire si l'on veut voir disparaître les nombreux défauts que l'on reproche souvent avec juste raison au nègre, qui est voleur, menteur et paresseux. Bien entendu, cet enseignement moral ne produira d'effet que progressivement, et pendant très longtemps encore il aura besoin, pour être efficace, d'être aidé par une conduite très ferme à l'égard des indigènes. Le châtiment immédiat et sévère des fautes commises, le sentiment toujours entretenu de la supériorité du blanc sur le noir, une ostentation constante de notre puissance militaire, sont d'une nécessité absolue.

Les Pères du Saint-Esprit donnent à Botika un enseignement professionnel. Ils forment des agriculteurs et des jardiniers qui pourront rendre de grands services aux blancs. Ils ne sont pas encore outillés pour former des ouvriers d'art.

L'instruction professionnelle est peut-être la meilleure façon de donner à l'indigène le goût du travail, en lui apprenant un métier qui lui donne la certitude de gagner de l'argent.

Quelles que soient les opinions que l'on professe sur l'œuvre des missions en Afrique occidentale, il est réconfortant pour tous, adversaires et défenseurs, de constater que, dans nos colonies, tous, négociants, fonctionnaires, colons et prêtres, suivant avec des aspirations diverses des chemins différents, ont cependant un idéal commun : faire toujours la France respectée, plus grande et plus forte; que tous savent se serrer et se sentir les coudes, se soutenir mutuellement, quand l'honneur du drapeau engagé l'exige.

La mission catholique abrite provisoirement un chef de poste et un brigadier des douanes, installés depuis quelques mois seulement à Botika.

C'est à la suite de la convention intervenue le 27 juin 1900 entre la France et l'Espagne, par laquelle la rive sud du Mouny était laissée à la France, que le commissaire général du Congo décida d'établir un poste à Botika. Jusque-là, en effet, les pourparlers engagés entre les deux puissances ne permettaient pas de supposer la situation de la future frontière, et tout restait dans le *statu quo*.

Le chef de poste, gardé par quelques miliciens, surveille la construction des bâtiments qui devront l'abriter, et à l'achèvement desquels il abandonnera la mission.

De même pour le brigadier des douanes, pour qui un autre logement va être aménagé. Depuis l'installation de ce brigadier, premier représentant dans cette région du service des douanes, les marchandises débarquées sur la côte sud de l'estuaire et à destination des factoreries paient des droits assez élevés, qui ont fait croître d'au moins autant le prix des diverses denrées. Aussi les indigènes sont-ils fort irrités contre ce fonctionnaire, car les agents des comptoirs leur ont dit que c'était à ce nouveau venu qu'ils devaient l'augmentation.

Nous nous installons chez les Pères, qui nous offrent des chambres, et dont nous partageons les repas.

1er août.

Lors de notre entrevue, le 14 juillet, à Libreville, avec la section espagnole, nous avions pris rendez-vous à Botika. Le 31 juillet au matin, en entrant sur le *Sobo* dans l'estuaire du Mouny, nous avons rencontré le paquebot *Rabat* portant la commission royale et le croiseur *Magellan*, mouillés en rade d'Elobey. Nous avons revu alors le commissaire royal, M. Jover y Tovar, et pris rendez-vous avec lui et ses collaborateurs à Botika pour le lendemain.

Effectivement, nous recevons leur visite le 1er août, et nous entrons aussitôt en conférence avec eux au sujet de la marche générale des opérations. Il est entendu que seuls le commandant Vilches, le capitaine Nièves et le docteur Osorio viendront avec nous dans la brousse.

2 août.

Nous commençons aujourd'hui effectivement nos opérations de délimitation sur le terrain, ou plutôt sur l'eau. La convention intervenue entre les deux puissances spécifie, en effet, que la frontière suivra le thalweg de la rivière Mouny, puis celui de la rivière Outemboni jusqu'à la rencontre de ce dernier avec le premier degré de latitude nord. La première chose à faire est donc de reconnaître ce thalweg, c'est-à-dire la ligne des plus grandes profondeurs. Une fois sa position déterminée, les îles qui se trouveront au nord de cette ligne seront espagnoles, les autres françaises. Il faut donc faire des sondages.

Nous nous embarquons, à cet effet, sur la chaloupe à vapeur du paquebot *Rabat*, qui est encore ancré en face de Botika. Cet embarquement se fait à l'aide des pirogues que possèdent les Pères, car la chaloupe ne peut aborder, la plage étant très peu inclinée à cet endroit.

Cela me rappelle un accident qui est arrivé la veille et que j'ai oublié de raconter. Le commandant Vilches et le capitaine Nièves venaient du *Rabat* à terre pour se concerter avec nous au sujet des opérations scientifiques à effectuer au cours de la mission. Ils avaient naturellement pris la chaloupe à vapeur, et ils devaient faire un autre transbordement sur une pirogue qu'un petit Pahouin, élève des Pères, venait d'approcher de la chaloupe. Le capitaine Nièves, qui n'était pas habitué à ce genre d'embarcation et qui ignorait leur faible stabilité, mit le pied si malheureusement sur la pirogue qu'il chavira avec celle-ci et le petit négrillon. Il ne savait pas nager et fut heureux qu'il n'y eût pas trop de profondeur en ce point, et qu'aucun caïman ne se trouvât en promenade par là. Il prit néanmoins un bain involontaire, et conserva depuis ce jour une telle aversion pour les pirogues que, pendant toute la durée de la mission, il ne voulut jamais s'en servir; et, dans les fréquents passages de rivières que nous eûmes à effectuer, il préféra toujours traverser sur un radeau.

Mais revenons à notre chaloupe. Nous profitons, pour remonter le courant, de la marée montante. Je dois dire que l'influence de la marée se fait sentir d'une manière très sensible dans tout l'estuaire du Mouny et très loin dans la rivière Outemboni, ce qui prouve que la pente est très faible dans ces cours d'eau. Donc, suivant que la marée est montante ou descendante, le courant est dans un sens ou dans l'autre.

Nous faisons une charmante promenade, effectuant des sondages autour de toutes les îles, qui, de loin, paraissent jolies, mais qui ne contiennent que des palétuviers et n'ont, par suite, presque aucune valeur.

Le palétuvier, que les Gabonais appellent *itanda* et les Pahouins *n'tan*, forme des forêts impénétrables; il donne un bois rose très dur et contient, paraît-il, beaucoup de tanin ; il commence à être exploité à cause de cette dernière qualité. Les paquebots qui rentrent en Europe viennent chercher, sur les rives du Mouny, des balles d'écorce de palétuvier, en même temps que des billes d'okoumé et d'ébène.

L'une des îles contient une factorerie, mais qui ne doit pas faire de brillantes affaires.

Une autre est réclamée, d'une part, par un Français, qui prétend l'avoir achetée aux Pères du Saint-Esprit, qui eux-mêmes la tiennent on ne sait d'où, et, d'autre part, par l'ancien roi de Corisco, qui, d'ailleurs, ne se fait pas d'illusion sur sa fortune, puisqu'il déclare être disposé à la céder pour vingt francs.

Pendant notre reconnaissance du Mouny, nous constatons que, si la carte marine est bien faite en ce qui concerne le levé du rivage, elle est moins exacte pour ce qui est des côtés du fond; mais peut-être ce dernier est-il mobile!

Nous ne voyons, en fait de gibier, que quelques canards, qui se sauvent à notre approche; et, quoi qu'en dise un Marseillais de la région, d'après lequel cent mille éléphants viennent tous les jours s'abreuver sur la rive nord de l'estuaire, nous n'apercevons aucun pachyderme.

Profitant de la présence de plusieurs factoreries, nous nous gardons bien de puiser dans nos colis pour la nourriture de nos hommes, et nous nous contentons de leur donner des bons, en échange desquels les comptoirs leur délivrent des vivres. Nous tenons compte naturellement de la double monnaie qui sert aux échanges dans le voisinage de la côte : un dollar en argent valant 5 francs, un dollar en marchandises équivalant à un pagne, à une poule, etc. Bien entendu, à mesure que nous pénétrons dans l'intérieur, la valeur en argent disparaîtra, et bientôt il ne sera plus question ni de dollar ni de francs,

Hommes et femme pahouins en costume de fête. (Page 28.)

mais seulement de pagnes, de têtes de tabac, de perles, etc.

Dans la soirée nous recevons plusieurs visites.

C'est d'abord le Père directeur de la mission d'Elobey qui, accompagné d'un Frère, vient voir le Père

Rebbe. Il nous surprend au milieu du dîner, et ne reste d'ailleurs pas longtemps. Nous devions le revoir quelques jours après dans de tristes circonstances.

La mission catholique héberge ce soir-là un commerçant bordelais qui vient réclamer de l'écorce de palétuvier.

Enfin, dans l'après-midi, est arrivé M. Delattre, agent de la Société d'explorations coloniales, que M. Forêt, chef de la factorerie de cette Société à Ekododo, retenu chez lui par la fièvre, a envoyé au-devant de nous pour se mettre à notre disposition. Il est convenu avec lui que la goélette de la Société, qui est justement en ce moment à Bokita, sera chargée de nos colis et les transportera à Ekododo, situé sur l'Outemboni.

La rade de Botika présente ces jours-ci une animation inaccoutumée : on y voit, en effet, outre le *Rabat* et le *Magellan*, la goélette de M. Forêt, et enfin une goélette appartenant au service des douanes, et qui effectue des voyages réguliers entre Libreville et Botika.

Pour essayer nos tentes et voir s'il n'y aurait pas quelque retouche à y faire avant le départ, nous les avons fait dresser, et nous y couchons ce soir pour la première fois. En tant que tentes, elles sont bonnes assurément, mais nos couchettes en toile sont un peu dures; nous sommes loin du sommier et du matelas; c'est le confort qui disparaît peu à peu.

3 août.

Après avoir chargé, comme il était convenu, la goélette de la Société d'explorations coloniales de la plus grande partie de notre matériel et de quelques hommes de garde, nous nous embarquons nous-mêmes avec le reste de notre mission, et avec la section espagnole, sur le *Magellan*, qui doit nous conduire à Kanganié, village situé sur l'Outemboni, et en amont duquel la profondeur d'eau n'est pas suffisante pour le croiseur.

Mais, à peine sommes-nous en route depuis une demi-heure, que ce bateau s'ensable dans un haut-fond, et nous devons stationner toute la nuit en ce point pour en repartir le lendemain matin avec la marée montante.

Nous sommes reçus très aimablement à bord par les officiers, et le soir, on donne, en notre honneur, une charmante soirée musicale, où nous remarquons beaucoup le talent d'un capitaine qui va être appelé à commander le poste de Bata, et qui est un mandoliniste des plus distingués en même temps qu'un chanteur des plus agréables.

Mais la nuit, si bien commencée, devait se terminer tragiquement. Le commandant du *Magellan*, à côté de qui j'avais dîné, et qui nous avait reçus de la façon la plus amicale, meurt presque subitement d'une maladie de cœur. Ce pénible événement jette parmi tous la consternation la plus grande; c'est, en même temps, aux yeux de quelques-uns, un mauvais augure sur le sort de notre mission, pour ceux surtout qui se rappellent les fâcheuses prédictions faites, depuis notre arrivée au Congo, par les fonctionnaires et commerçants ayant l'expérience du pays, et qui ont déclaré que nous ne pourrions passer. Pour moi, je n'ai jamais perdu ni espoir ni courage, et je suis toujours convaincu que nous saurons bien vaincre toutes les difficultés et atteindre notre but.

4 août.

Nous devons revenir en arrière à l'embouchure du Mouny, pour déposer le corps du commandant à Elobey, sur la terre espagnole.

Elobey se compose de deux îles; la petite, qui est seule cultivée et habitée, est fort coquette et doit être un séjour agréable. Le gouverneur, un officier de marine polyglotte, nous reçoit très aimablement.

La cérémonie est bien triste; et, lorsque, après la dernière salve tirée sur la tombe par le détachement d'infanterie qui a rendu les honneurs, nous nous retirons, nous sommes fort émus en pensant à la rapidité de la catastrophe à laquelle nous venons d'assister.

L'absoute a été donnée par le Père supérieur de la mission d'Elobey, que nous avions vu deux jours auparavant à Botika, et que nous ne nous attendions pas à revoir dans de si pénibles circonstances.

Nous regagnons le *Magellan*, où nous passons la nuit.

5 août.

Le *Magellan* se met en marche à la marée montante. Nous parcourons de nouveau l'estuaire du Mouny dans toute sa profondeur, puis nous nous engageons dans son affluent l'Outemboni. Plusieurs cours d'eau de la région portent ce nom ou un nom analogue ayant la même racine : *ntem*, *temboni*, etc.

La rivière, que nous remontons, et qui a au moins 500 mètres de large à son confluent avec le Mouny, va progressivement en se rétrécissant : à M'béto et Ekododo, elle ne mesure plus que 200 mètres. Ses rives sont couvertes d'une végétation puissante, mais c'est surtout le palétuvier qu'on y voit d'abord; c'est ensuite le raphia, espèce de palmier, qui sert à faire des nattes; les pandanus, le palmier rotang, qui constitue plutôt une liane qu'un arbre, et dont les indigènes mangent l'extrémité, que les Européens appellent palmier-asperge.

Les habitants des villages parsemés le long de la rivière accourent pour voir le bateau : c'est probablement le plus gros qu'ils aient jamais vu, car le seul qui vienne quelquefois dans ces parages est le stationnaire français l'*Alcyon*, lorsqu'il est appelé à exercer quelque répression contre un village, comme cela s'est produit il y a peu de temps pour M'béto.

Le *Magellan* s'arrête à Kanganié. Un noir, agent de la factorerie que possède en ce point une maison anglaise, vient aussitôt à bord demander à acheter certaines denrées européennes.

Tout le personnel et le matériel des deux sections de la commission est amené à terre par les embarcations du *Magellan* ou les pirogues de la factorerie. Nous ne sommes pas peu étonnés de voir dans celle-ci un petit nègre, fils de l'agent, faire marcher un phonographe, qui joue je ne sais plus quel air anglais : la civilisation commence donc à pénétrer ici par l'intermédiaire de l'art.

Il est décidé que, tandis que MM. Bonnel de Mézières et Duboc passeront la nuit à Kanganié avec le personnel et le matériel de la mission française, je me rendrai encore ce soir avec la section espagnole à M'béto : de cette façon, chacune des deux sections trouvera plus de place pour son installation que si toutes deux campaient dans le même village; d'autre part, nous pourrons, M. Nièves et moi, commencer dès demain nos observations astronomiques en vue de rechercher le point d'intersection du thalweg de l'Outemboni avec le 1er degré de latitude nord : d'après la carte marine, en effet, ce point d'intersection serait aux environs de M'béto.

Il est entendu aussi que demain la section française s'avancera depuis Kanganié jusqu'à Ekododo, où se trouve la factorerie de M. Forêt.

Nous partons donc pour M'béto, les blancs sur la chaloupe à vapeur du *Magellan*, les noirs et le matériel de la section espagnole sur des pirogues. En cours de route, nous voyons venir à nous, en sens contraire, une pirogue portant un blanc : c'est M. Forêt, qui, rétabli, vient au-devant de nous. Il est très amaigri par la fièvre. Il a fait l'année dernière un voyage commercial chez les Pahouins avec M. Lesieur, le Père Trilles et un autre Père dont j'ai oublié le nom. Après un moment d'entretien, il continue sa route jusqu'à Kanganié pour voir M. Bonnel de Mézières.

Nous arrivons enfin à M'béto. En notre honneur, les indigènes tirent des coups de fusil. Comme la charge de poudre qu'ils mettent dans leur arme est énorme, le bruit de la détonation est aussi fort que celui d'un petit canon. Il en résulte aussi un recul considérable; aussi les tireurs n'épaulent-ils pas et tiennent-ils leur arme avec les deux bras allongés le plus possible en avant; nous en voyons même qui détournent la tête en tirant. S'ils faisaient du tir réel dans ces conditions, il est probable qu'ils ne feraient pas mouche à tous les coups.

Les femmes du village viennent décharger nos bagages et les portent devant la factorerie, où nous devons être logés. Celle-ci, appartenant à une maison anglaise, est gérée par un Espagnol de 18 ans. Ce jeune homme nous reçoit de son mieux, mais les ressources dont il dispose ne sont pas grandes.

Pour mon compte, j'ai comme couchette une sorte de lit de camp fait de quelques planches : c'est un peu dur: décidément, je ne suis pas encore habitué à l'ameublement de ce pays. J'ai beau accumuler sur ces planches toutes mes couvertures et tout mon linge, cela ne remplace pas les ressorts d'un bon sommier. Je dors tout de même un peu, et j'en suis quitte pour avoir le lendemain le corps tout endolori. J'installerai alors dans ma chambre ma couchette en toile et serai ainsi légèrement mieux.

Le pays est envahi par les chiques. On sait que ce sont de minuscules puces qui piquent le bout des doigts de pied, principalement sous l'ongle, et, s'y enfoncent profondément. Et, si l'on n'a pas la précaution de retirer cet animal dès qu'il commence à produire des démangeaisons, il se crée autour de lui un amas de pus, qui peut dégénérer en une plaie difficile à guérir et susceptible même, surtout pour un voyageur à pied, d'entraîner les plus graves conséquences. Il est donc nécessaire d'examiner ses pieds régulièrement et avec le plus grand soin, et de voir si un microscopique point noir n'indique pas la présence d'une chique. Les boys sont généralement bien dressés à cette sorte d'inspection, et, armés d'une épingle, ils s'acquittent, le cas échéant, de l'extraction le plus consciencieusement du monde.

J'ai pris une chique à M'béto, et, quelques jours plus tard, lorsqu'elle a commencé à révéler sa présence, mon boy me l'a enlevée; mais j'ai eu beaucoup de mal à cicatriser la plaie, et j'ai craint pendant quelque temps que cette maudite bête ne me mît dans l'impossibilité de marcher. Quoi qu'il en soit, à partir de ce jour, j'ai évité le plus possible de rester avec les pieds nus sur le sol, et j'ai pu, de la sorte, me garder de la piqûre des chiques.

Il ne faudrait pas croire que les noirs soient indemnes des attaques de cet insecte. Bien qu'ils aient la peau dure, la trompe de la chique parvient à la percer, et les ravages qui s'ensuivent sont très importants, car le nègre ne sait pas bien se soigner. Aussi ai-je constaté que beaucoup de nos hommes n'avaient plus que trois ou quatre doigts à leurs pieds. Cependant, comme l'Arabe, mais à un degré moindre, le nègre se préoccupe beaucoup de ses pieds : toutefois, je le répète, il sait mieux prévenir le mal que le guérir.

La nourriture à M'béto est peu variée. Comme je l'ai déjà dit, le jeune agent de la factorerie n'a que fort peu de ressources; et je crois d'ailleurs que, lorsqu'il est seul, il doit vivre complètement à la manière indigène. Aussi, à l'exception de quelques conserves qu'il avait dans son magasin et de diverses provisions que nous puisons dans nos colis, tous les plats sont composés avec de la viande de chèvre : chèvre bouillie, chèvre rôtie, ragoût de chèvre, etc. Nous avons baptisé ce pays du nom de Chèvreville. J'ai fait, en Algérie, des repas composés de quatre ou cinq plats de mouton, mais cette viande me dégoûtait moins que celle de la chèvre.

Nous avons eu rapidement épuisé le pain que nous avions apporté du *Magellan*, et nous avons dû alors manger soit du biscuit, soit de grosses bananes rôties. Ce fruit n'a que la forme de commune avec celui que nous mangeons sous le même nom en Europe; mais il n'en a pas la saveur, et il est, de plus, difficile à digérer.

Cette grosse banane fait, avec le manioc, le fond de la nourriture des Pahouins. Et, dès qu'un village s'installe quelque part, les habitants plantent immédiatement des bananiers à proximité de leurs cases. On sait que cet arbre ne produit qu'un régime, puis meurt, mais qu'il pousse aussitôt de nouveaux rejetons à son pied; de sorte qu'une plantation de bananiers si elle ne dure pas indéfiniment, parce qu'elle finit par être envahie par la brousse, résiste longtemps à celle-ci; en tout cas, elle subsiste de longues années après la disparition de l'agglomération qui l'avait créée.

On trouve quelquefois, mais peu souvent, dans l'intérieur, des petites bananes dites bananes-argent, semblables à celles que nous mangeons, et quelquefois aussi de ces fruits, petits également, mais rougeâtres et d'une saveur encore plus délicate.

6 août.

M. Nièves et moi nous faisons des observations astronomiques en vue de déterminer la longitude et la latitude de M'béto.

Le soir, nous assistons, dans ce village, à un tam-tam donné à l'occasion d'un mariage.

La condition de la femme chez les Pahouins est identique à cette condition dans les autres tribus fétichistes de l'Afrique. En réalité, la femme n'est pas libre. Et, si elle n'est pas libre, c'est qu'elle a une valeur vénale dont tient à profiter celui qui la possède et l'exploite, son père, son chef de famille, etc. Dès qu'elle est en âge d'être présentée, souvent dès l'âge de dix ans, de cinq ans, de trois ans, elle est cédée contre une première somme, longuement débattue, à un prétendant, qui prend livraison de l'enfant et la fait élever dans sa propre famille jusqu'à la nubilité et au mariage, époque à laquelle il complète, s'il le peut, la dot convenue.

Dès lors, la femme appartient légalement à son mari, qui l'a payée. Toutefois, ce prix étant fort élevé, et la valeur de la femme pouvant augmenter avec chaque enfant qui naît d'elle, il est assez rare qu'un mari parvienne à se libérer entièrement d'un seul coup; d'ordinaire, il reste à peu près toute sa vie débiteur vis-à-vis de ses beaux-parents, souvent même la femme prend prétexte de cette situation pour les rejoindre; et, de ce fait, grandement précaire est la condition d'un gendre.

Malgré tout, la famille se trouve constituée, sa fixité relative est assurée, son développement est normal. Et c'est un plaisir pour le voyageur qui s'intéresse aux choses sociales, que de voir, en tels et tels villages reculés, grouiller une population d'enfants de tout âge, pendus en grappes au corps de leurs mères, s'essayant à marcher à quatre pattes, ou courant joyeusement au grand soleil, qui les habille de ses économiques rayons d'or.

Le tam-tam donné ce soir à l'occasion d'un mariage ressemble à tous ceux que nous devions voir par la suite. J'en ai une aversion profonde; mais j'allai le voir néanmoins, en compagnie de mes collègues espagnols, pour ne pas froisser les indigènes. Tous les hommes et toutes les femmes du village y assistaient. Heureusement, les danses avaient lieu en plein air, et l'odeur n'était pas trop suffocante. Tout le monde était rangé en cercle; les musiciens tapaient à tour de bras sur leurs énormes tam-tams, produisant un vacarme infernal et assourdissant à rendre fou le moins nerveux; et, comme les tam-tams n'étaient pas encore assez bruyants, les chants et les cris s'en mêlèrent, avec accompagnement de vieux chaudrons battus avec frénésie, pendant que, pour compléter ce charivari, bon nombre de petits garçons, assis près des musiciens, frappaient ingénieusement sur des morceaux de bois creux. Il est curieux de voir quelle exaltation produit le son du tam-tam sur les noirs. Dès qu'ils l'entendent, ils perdent tout empire sur eux-mêmes; plus cette horrible timbale retentit sous des coups énergiques, plus les hommes mettent d'ardeur dans leurs gambades sauvages et d'indécence dans leurs contorsions.

Comme on le pense bien, battre du tam-tam n'est pas un travail d'agrément. Le nègre le plus robuste est sur les dents au bout d'une heure tout au plus; aussi, quand le divertissement dure toute la nuit, y a-t-il plusieurs escouades de musiciens qui se relèvent.

Après avoir tenu bon tant que je pus, une bonne heure, j'allai me coucher, mais sans pouvoir dormir, car le tapage dura jusqu'au jour.

7 août.

En sortant de la factorerie, je vois deux Pahouins chargés d'un fardeau dont je ne distingue pas tout d'abord la nature; mais, en m'approchant, je reconnais qu'il s'agit d'un petit caïman : ils viennent de le prendre dans l'Outemboni, et il est encore vivant; ils l'ont rendu inoffensif en lui passant, en guise de mors, dans la bouche, une grosse branche, autour de laquelle ils ont réussi, sans être pincés, à ficeler les deux mâchoires de l'animal. Nous ne retirons de ce spectacle qu'un avertissement, celui d'être prudent dans le passage des cours d'eau que nous aurons à franchir.

Mais voici une pirogue qui descend l'Outemboni et accoste en face de M'béto. Un blanc en descend. C'est M. de Safra, secrétaire de la commission espagnole, qui avait accompagné MM. Bonnel de Mézières et Duboc jusqu'à Ekododo dans l'espoir de pouvoir chasser, et qui revient sans avoir pu réaliser son désir : le pays est trop marécageux et est rendu d'ailleurs impénétrable par les palétuviers. Le chasseur rentre seulement avec un singe vivant, qu'il a pu se procurer à Ekododo, et qui n'a pas l'air de vouloir s'apprivoiser facilement. M. de Safra arrive, en effet, pendant que nous sommes à table. A peine est-il entré dans la pièce où nous déjeûnions que son singe, tenu en laisse, saute d'un bond sur la table, et, en bien moins de temps qu'il ne faut pour le dire, se sert copieusement des plats qui lui paraissent les meilleurs. Il en laisse assez cependant pour que nous trouvions de quoi achever de déjeûner.

M. de Safra nous quitte alors pour rentrer définitivement sur le *Rabat*, encore mouillé dans le Mouny, après nous avoir souhaité bonne chance.

Son voyage de retour devait se terminer d'une façon très pénible : nous apprenions quelques jours plus tard que, arrivé en pirogue en face de Karaganié, il avait eu une discussion violente avec les Pahouins qui le conduisaient, et que, en voulant, au cours de ce palabre, enlever le couvre-bouche de son fusil, il avait fait partir le coup si malheureusement qu'il s'était coupé l'index de la main gauche.

Après le départ de M. de Safra, nous nous rendîmes,

comme il avait été convenu, le commandant Vilches, le capitaine Nièves et moi, à Ekododo, afin de nous concerter avec MM. Bonnel de Mézières et Duboc sur la marche des opérations. La journée était trop avancée lorsque nous arrivâmes pour que nous pussions songer à rentrer le même jour à M'béto : nous couchâmes donc dans la factorerie française à Ekododo.

8 août.

Dès le matin, nous revenons à M'béto, en vue d'aller reconnaître la crique Boho, dont le confluent avec l'Outomboni se trouve presque, d'après nos observations, sur le premier parallèle, et qui nous servira à déterminer sur le terrain un point de la frontière.

Une fois cette opération terminée, nous nous rendons, avec le personnel et le matériel de la section espagnole, à Ekododo, où dès lors toute la commission se trouve réunie.

Nous nous installons dans la factorerie française (Société d'explorations coloniales), où il y a plus de confort qu'à M'béto, et où nous recevons de la part de MM. Forêt et Delattre le plus charmant accueil et l'hospitalité la plus large.

Ekododo est la dernière localité où nous devons voir des blancs.

Lassés d'être dupés par les courtiers noirs de la côte, les Européens ont établi le plus loin possible leurs factoreries, dès que leur sécurité a été assurée par les croisières de notre stationnaire.

De même, les producteurs indigènes de l'intérieur, volés continuellement par les mêmes courtiers, désirent commercer directement avec les Européens et tentent de s'avancer jusqu'à la côte. C'est sans doute là la principale cause de ce mouvement continuel qui pousse les Pahouins de l'intérieur vers le littoral, où peu à peu sans doute viendra s'éteindre leur race, comme est en train de s'éteindre la race gabonaise, ancienne propriétaire du sol.

Qu'arrive-t-il, en effet, lorsque, des forêts de l'intérieur, un village indigène vient se fixer sur la côte ? Un jour ou l'autre, arrive, en face de celle-ci, une de ces « grandes barques fumantes » qui semblent sortir du mystérieux horizon et qui apportent aux noirs tant de belles choses : du linge, du sel, de la poudre, des fusils, de l'alcool. Un blanc descend, aimable et souriant, riche et bon, se faisant volontiers passer pour le fils du roi de son pays, offrant des cadeaux à tout le monde et en promettant d'autres s'il reste là. Bref, on conclut amitié; le chef signe un papier de sa vieille main que l'on guide; un pavillon, signe de l'alliance, flotte en haut d'un mât qu'on plante en terre : tout va bien.

Peu de temps après, le bon blanc quitte le pays « pour aller revoir sa mère »; il est remplacé par un second, qui ne le vaut pas, et celui-ci par d'autres, qui valent encore moins. A côté des « commandants », qui accaparent peu à peu toute l'autorité des chefs voisins jusqu'à ce qu'ils l'aient réduite à rien, viennent des commerçants, passent des voyageurs, s'installent des miliciens, des employés, des traitants, des ouvriers, des flâneurs aussi, en nombre considérable; le tranquille village d'autrefois s'est transformé.

Oui. Mais tous ces étrangers ont en abondance ces objets d'échange que recherchent les chefs de famille, ceux qui ont des filles à marier; aucun prétendant indigène ne peut, là-dessus, lutter avec les blancs; le résultat est fatal. Bientôt les femmes disponibles — elles le sont toutes — sont entre les mains de la population étrangère. Celle-ci, se renouvelant constamment, regarde l'apparition des enfants comme un accident et une charge, peut-être aussi comme un remords; la famille n'a plus de lien, les vieilles terreurs fétichistes n'ont plus de prise sur personne, et rapidement, très rapidement, les anciens mourant plus tôt par suite de l'abus de l'alcool, les jeunes se dispersant sans pouvoir se marier, les enfants ne venant plus que par exception et surprise, la population indigène disparaît tout entière.

Quoi qu'il en soit, pour l'instant et dans l'intérieur, les Pahouins sont la vraie et seront bientôt l'unique race maîtresse du territoire.

On peut évaluer à plusieurs millions d'individus ces anthropophages qui, venant de l'intérieur et dirigeant, comme les Huns, leur invasion de l'Est à l'Ouest, ont fondé des villages, se rapprochant peu à peu du littoral, bataillant sans cesse avec les autres races qui se trouvaient sur leur passage, mangeant les morts, s'emparant par surprise des noirs des villages voisins pour augmenter leur menu du jour, et cela si bien que des races qui, comme la race gabonaise, existaient encore nombreuses il y a une vingtaine d'années, ont presque complètement disparu aujourd'hui.

9 août.

Séjour à Ekododo.

Le capitaine Nièves et moi, nous déterminons les coordonnés géographiques de cette localité.

Nous pouvons dès maintenant nous rendre compte des difficultés que nous rencontrerons, au cours de notre mission, dans l'exécution des opérations astronomiques.

L'intensité de la lumière du soleil est si grande que l'observation de cet astre produit toujours un commencement d'insolation.

Nous avons aussi à subir les ennuis causés par les insectes de toute nature; leurs piqûres, leurs frôlements, leur irruption par multitudes innombrables, leur interposition devant l'œil, provoquent une impatience, un agacement qui font commettre des mouvements inconsidérés; ce sont des assauts de moustiques, de fourmis, de termites ailés, de minuscules papillons.

Il faut ensuite, après les fatigues de l'observation, se livrer à des calculs qui durent au minimum deux heures, au milieu du bruit que font nos hommes et de la curiosité gênante des Pahouins.

Si j'ajoute à cela le remontage quotidien des montres, leur comparaison entre elles, la mise à jour de différents cahiers, la surveillance constante des instruments, leur installation en lieu sûr et à l'abri des rayons du soleil, on pourra se faire une idée des préoccupations qui s'ajoutaient aux autres soucis des opérateurs.

Je trouve néanmoins le temps d'observer la nature du sol, et de constater qu'il est constitué par un conglomérat d'argile et de latérite, qui, en se désagrégeant, forme un petit gravier rougeâtre.

Quant aux habitants, je remarque que chacun d'eux possède un ou plusieurs fusils à piston. Ils aiment à orner leurs armes en enfonçant dans la crosse des clous à tête dorée qui tantôt cachent entièrement le bois, et tantôt forment sur celui-ci des dessins originaux. Le canon est entouré de fil de laiton sur tout ou partie de sa longueur; de sorte que ces armes présentent quelquefois un aspect absolument doré.

Le Pahouin ne se sépare jamais de son fusil; il ne fait pas un pas hors de sa case sans en être muni. Son arme est d'ailleurs toujours chargée, et il est très prompt à mettre en joue et à faire feu. Une gaine en peau de chèvre, facile à enlever, recouvre la cheminée, de manière à protéger la poudre contre l'eau. Quant à la charge, elle comprend, comme projectiles, des débris de toute espèce : morceaux de fer, de fil de laiton, etc.

Outre son fusil, le Pahouin porte généralement un couteau. Ces couteaux sont la plupart du temps fabriqués avec des matchettes, à l'aide d'une forge des plus primitives; l'indigène arrive ainsi à se faire une arme solide, avec poignée en ébène, consolidée par des ligatures en fil de laiton.

Avec le fusil et le couteau, qui sont les armes principales du Pahouin, ce dernier emploie encore, mais rarement, l'arbalète, la sagaie lancée à la main, enfin la sagaie lancée par le fusil.

10 août.

Reconnaissance de l'Outemboni jusqu'au point où le Bongoué ou Mwang s'en détache pour former avec lui une île immense.

Cette excursion sur la chaloupe à vapeur du *Rabat*, qui nous a été laissée pour quelques jours, nous permet de rectifier la carte marine, dont les indications sont ici moins exactes qu'elles ne le sont dans la partie en aval d'Ekododo.

Les bords de l'Outemboni sont très pittoresques : c'est toujours la même végétation puissante, c'est la brousse épaisse, qu'aucun sentier ne traverse. La dent des herbivores n'arrêtant pas la pousse de l'herbe, de l'arbrisseau, les plantes arborescentes grandissent, abris naturels et nourriture abondante pour les grands pachydermes, l'éléphant, le rhinocéros, l'hippopotame. Vivant sur de larges espaces, ils ont maintenu chez les populations qui les poursuivent les mœurs de la chasse, c'est-à-dire l'éparpillement des tribus dans la forêt, le manque de groupement, la mobilité constante de la société, les instincts sauvages, la violence, la rapacité, les foyers multiples, la polygamie et peut-être l'anthropophagie, fille de la guerre à outrance et de la détresse extrême.

Les rares villages que nous apercevons sur les rives sont tout bouleversés à notre vue.

Il faut dire que, pour les Pahouins, le blanc est un être surnaturel, un esprit : c'est un nègre mort et revenu à la vie.

Ils n'ont pas de religion et ne croient qu'à la protection de quelques fétiches, qui doivent les préserver de toutes sortes de fléaux, balles, fièvres, puces, etc. Ces gris-gris leur sont vendus par des féticheurs ou sorciers, qui exploitent habilement leur naïveté.

Ce n'est pas chose aisée que de se rendre compte des idées religieuses de ces tribus, qui n'ont elles-mêmes aucune notion bien arrêtée. D'ailleurs, sur ce sujet comme sur bien d'autres, les nègres ne sont pas du tout communicatifs.

Au cours de notre reconnaissance, nous voyons le chef du village de Sobela, dans un accoutrement bizarre. A notre arrivée, il était vêtu d'une chemise de femme et d'un bonnet de coton. Pour nous faire honneur sans doute, il remplaça son bonnet par un superbe chapeau de gendarme espagnol.

11 août.

En vue de fixer sur le terrain le deuxième point de rencontre du premier parallèle nord avec l'Outemboni, point qui, d'après la carte, doit être voisin du confluent de la crique Mitombé, nous partons d'Ekododo, le capitaine Nièves et moi, pour aller déterminer les coordonnées de ce confluent.

Pendant ce temps, le commandant Vilches et le lieutenant Duboc font en pirogue le lever du Bongué, qui, comme je l'ai déjà dit, est un bras de l'Outemboni.

Enfin, M. del Monte, géologue de la commission royale espagnole, est allé aux chutes de cette dernière rivière pour y recueillir des échantillons. Il nous raconte que, dans le village où il a passé la nuit, il a été l'objet, surtout de la part des femmes, d'une curiosité fort gênante.

Les trois groupes d'excursionnistes se réunissent vers la fin de la journée au confluent du Mitombé et rentrent ensemble assez tard à Ekododo.

Mon boy a heureusement tout préparé dans ma chambre pour mon retour. J'en suis très content, car je ne le croyais pas capable de prendre de l'initiative.

C'est un jeune Loango d'environ 15 ans, que j'ai emmené de Libreville; il est affreusement laid, mais jouit d'une bonne santé; sans en avoir les apparences, il sait d'ailleurs assez bien se débrouiller, surtout lorsqu'il s'agit de sa personne. Il craint toujours de mourir de faim et est constamment préoccupé de s'assurer des vivres. Il fait d'ailleurs consciencieusement son service. J'oubliais de dire qu'il s'appelle Pango, nom qui, comme celui de Mavongo, est très répandu chez les Loangos.

J'ai aussi un autre noir attaché à mon service : c'est Samba-Li, un Sénégalais d'environ 25 ans, qui ne le cède en rien comme laideur à Pango; mais, alors que celui-ci est maigre, Samba est trapu et court. Il paraît avoir fait tous les métiers, milicien, cafetier, traitant, contremaître, etc.; et, comme pierre qui roule n'amasse pas mousse, il ne semble pas s'être enrichi. Il a d'ailleurs toujours l'humeur aussi changeante, et ses projets d'avenir varient tous les jours.

Comme tous les Sénégalais, il est fier et n'entend pas être domestique; il dit qu'il est mon garçon, mon ordonnance; à ce titre, il porte mon fusil, surveille les porteurs chargés de mes bagages personnels, dresse ma tente et l'abat avec l'aide de quelques miliciens et porteurs.

Pendant que Pango, à l'arrivée dans un village, se préoccupe immédiatement de se procurer des bananes et du manioc, Samba recherche quelque Pahouin qui, pour un morceau d'étoffe ou une tête de tabac, lui cédera sa femme. Les marchés qu'il a faits ainsi, et dans lesquels il a été souvent dupe, nous ont bien amusés.

Pango, lui, est mon boy proprement dit : il déballe et installe ma couchette, mes diverses cantines, cherche de l'eau, etc.

L'un et l'autre, d'ailleurs, sont très sensibles aux matabichs, c'est-à-dire aux gratifications, sans lesquelles on n'obtient pas de bons services de la part des noirs.

12 août.

Séjour à Ekododo.

Le capitaine Nièves et moi nous faisons, chacun de notre côté, les calculs correspondant aux observations effectuées la veille.

La mission achève de s'organiser. Par la lecture de la composition des deux sections, on a vu que la section espagnole seule comprend un médecin, le docteur Osorio. Il est convenu que, dans les cas graves qui pourront se produire au cours des opérations, il donnera ses soins tant aux Européens qu'aux noirs de la section française; et je dois dire, dès à présent, qu'il s'acquitta toujours de ces fonctions avec un dévouement et une abnégation au-dessus de tout éloge, sans ménager ni son temps ni sa peine, même lorsqu'il était éprouvé par le climat ou les fatigues de la marche.

Quant aux malaises de peu d'importance ou aux blessures légères, il est décidé qu'il y aura tous les jours, à leur sujet, une visite médicale passée par M. Bonnel de Mézières, que son expérience des maladies tropicales désigne tout naturellement pour cette attribution.

Dès maintenant, ce service est organisé; et les noirs malades, miliciens ou porteurs, se rendent régulièrement à la sonnerie du clairon, appelant à la visite. Ce sont presque toujours les mêmes affections : fièvre, dysenterie, écorchures, etc..., soignées par quelques remèdes simples, quinine, bismuth, etc. ; pour les foulures ou les maladies imaginaires la teinture d'iode : c'est un remède qui plaît beaucoup aux noirs, parce qu'il laisse une trace visible.

13 août.

Sejour à Ekododo.

Nous partons en pirogue, le lieutenant Duboc et moi, pour déterminer les coordonnées de Sobéla, village situé sur les bords du Bongoué.

Nous avons pris, parmi nos porteurs, ceux qui disent savoir pagayer. Cet exercice surprend toujours un peu au début. Ce n'est pas une action continue. Le chef de pirogue module une mélopée traînante, dont le refrain est répété en chœur par les hommes, qui pagaient ainsi sept ou huit coups, dont la vigueur va en décroissant, puis quelques mesures pour rien, et de nouveau sept ou huit coups. Les pagaies sont courtes, en bois très dur.

Nous apercevons quelques canards sauvages, qui se sauvent de loin, sans que nous puissions les tirer ; mais nous tuons un grand-duc, identique à ceux que l'on trouve en Europe.

Pendant ce temps, les miliciens restés à Ekododo sont astreints à faire quelques heures d'exercice, principalement du maniement d'armes, de façon à être remis en main. Ils ont besoin, en effet, de reprendre les habitudes de la discipline militaire, qu'ils ont oubliées dans les postes de Bata et de Campo, d'où ils arrivent. Le lieutenant Duboc saura d'ailleurs maintenir constamment dans le détachement l'ordre le plus parfait et la discipline la plus absolue.

14 août.

Je fais les calculs correspondant aux observations astronomiques effectuées la veille à Sobela.

On achève de répartir en charges d'au plus trente kilos nos approvisionnements de toutes sortes, dont la composition a été légèrement modifiée au dernier moment, d'après les renseignements fournis par M. Forêt, sur la nature des marchandises d'échange préférées par les Pahouins, qu'il a visités récemment. M. Bonnel de Mézières possède d'ailleurs, à ce point de vue, une expérience parfaite, et je puis déclarer dès maintenant que les quantités de nos approvisionnements, en particulier de ceux destinés à l'alimentation des blancs, ont été calculées par lui d'une manière rigoureuse, et dont la suite des opérations devait démontrer l'exactitude.

Tout est donc prêt, et, dès aujourd'hui, le matériel et une partie du personnel de la commission sont chargés sur la goélette de la Société d'explorations coloniales à destination de Mitombé.

Mais, la goélette ne pouvant pénétrer dans la crique qui conduit à ce village, personnel et matériel sont débarqués au confluent de l'Outemboni et du Mitombé, et le transport dans la crique commence aussitôt sur des pirogues.

15 août.

Le transport par pirogues entre le confluent de la crique Mitombé et le village du même nom est continué et terminé.

De notre côté, nous nous rendons à Assang, sur la rive gauche du Bongué, pour déterminer les coordonnées géographiques de ce village. La population est toute bouleversée à notre arrivée, et les indigènes se mettent aussitôt à frapper sur leurs tam-tams pour appeler les habitants des villages voisins. Mais nous n'attendons pas la venue de ceux-ci, et, aussitôt que nos observations sont finies, nous repartons pour rentrer à Ekododo.

Je commence à recueillir quelques papillons, et j'espère en rapporter une jolie collection. Il y en a de très beaux, et les espèces sont variées. La récolte m'est facilitée par nos porteurs, qui m'en chassent beaucoup, mais qui, malheureusement, les abîment et me les remettent rarement bien intacts. Cette collection présente, sur celles d'insectes, d'oiseaux ou de plantes, l'avantage de n'exiger que peu de soins, puisqu'il suffit de placer chaque papillon les ailes ployées dans un triangle en papier.

16 août.

D'Ekododo à Mitombé.

Nous quittons enfin aujourd'hui l'Outemboni pour entrer dans la brousse. La chaloupe à vapeur du *Rabat* nous transporte jusqu'au confluent de la rivière Mitombé, où nous nous arrêtons, le capitaine Nièves et moi, pour vérifier nos précédentes observations.

Nous remontons ensuite le Mitombé, qui est un petit cours d'eau des plus pittoresques, coulant au milieu d'une véritable forêt vierge. Comme le voyage s'effectue sur une légère pirogue et que le lit est obstrué par de nombreux troncs d'arbres, la promenade ne laisse pas que d'être accidentée. Je tue en route deux superbes oiseaux, au grand ébahissement de mes nègres. C'est le commencement de ma collection.

A Mitombé, nous trouvons le Pahouin tel que nous le verrons pendant toute la durée de notre mission. Les hommes, d'une couleur plus claire qu'aucune tribu de la côte, forts, grands, bien bâtis, sont presque entièrement nus : ils portent pour tout vêtement un pagne ou fraction de pagne attaché autour de la ceinture ; ils ont les dents limées en pointe, ce qui donne à leurs figures un air désagréable. Leur chevelure, ou plutôt leur laine, est étirée en tresses minces, qui se tiennent raides, et au bout desquelles sont attachées des perles. Des colliers de perles passent dans l'ouverture de la membrane médiane du nez et vont reposer sur les oreilles. Ils sont tous armés de fusils et de grands couteaux. Autour de leur cou et de leur corps, on voit pendre diverses espèces de fétiches et de gris-gris qui résonnent pendant leur marche.

Les femmes, qui ne sont pas plus vêtues que les hommes, sont beaucoup plus petites et fort laides : elles sont vraiment repoussantes. Elles ont aussi les dents limées, et beaucoup ont le corps, ou au moins les membres, peints en rouge; elles sont horriblement tatouées; elles portent leurs enfants sur leur dos, dans une espèce d'écharpe faite avec une lanière de peau de bête attachée au cou de la mère.

Le village est, paraît-il, en guerre avec une tribu voisine; et, au milieu de la journée, une panique se produit, causée par quelques coups de feu : les femmes se sauvent en criant, et disant que le village est attaqué; les hommes se rassemblent, prêts à tout événement. Mais on apprend que les coups de feu entendus ont été tirés par des chasseurs sur une antilope, et le calme renaît bien vite.

J'aperçois, dans les bras de son père, un petit albinos d'environ deux ans, à la face blafarde, aux cheveux de filasse. Lui fais-je peur, ou est-ce la lumière du soleil qui l'aveugle, toujours est-il qu'il pousse des cris à fendre l'âme.

Nous avons une première entrevue avec les chefs du pays, pour leur demander des renseignements sur les chemins. La plupart des habitants sont autour de la case où nous discutons : c'est un palabre qui n'en finit plus.

17 août.

Séjour à Mitombé.

Le commandant Vilches et le lieutenant Duboc font le lever topographique de la crique.

Nous déclarons aux indigènes que nous ne venons ni pour faire du commerce, ni pour faire la guerre; et, comme ils demandent étonnés quel est alors notre but, nous essayons de leur expliquer que nous sommes venus délimiter les possessions des Fallas (Français) et des Fagnols (Espagnols). Mais allez donc dire à des gens qui ont toujours été maîtres absolus chez eux que vous venez pour partager leurs biens! La chose n'est pas bien facile; aussi faut-il employer des détours et des circonlocutions, et ne suis-je pas sûr qu'ils aient compris; cela importe peu d'ailleurs. Nous laissons aux chefs des drapeaux qui indiqueront leur nationalité; mais je suis bien persuadé que lesdits drapeaux ne tarderont pas à être transformés en pagnes et à servir d'habits de fêtes aux femmes de ceux que les premiers explorateurs appelaient des rois, et à qui l'on donne aujourd'hui le nom plus modeste de chefs de villages.

Nous avons comme interprète un Pahouin, que nous avons pris à Libreville, et qui nous a été recommandé par le commissaire général : il était employé dans les bureaux du gouvernement. Né dans l'intérieur, sur les bords du Como, il est venu de bonne heure dans le chef-lieu de la colonie, autour duquel se sont établis, depuis une vingtaine d'années, de nombreux villages pahouins. Ce jeune homme, qui paraît avoir 25 ans, a été élevé à la mission catholique, où les Pères lui ont donné le nom de Calixte, conformément à leur habitude de donner aux jeunes élèves les noms les plus extraordinaires, en tout cas les moins répandus chez nous, tels que Calixte, Polycarpe, etc. Calixte parle le français, sinon correctement, du moins assez bien pour que nous nous comprenions sans peine. Il est dévoué, et, en dehors de ses fonctions d'interprète, il nous rend de nombreux services, qui lui sont d'ailleurs largement payés.

Dans le cas où il deviendrait indisponible, nous prendrions comme interprète l'un des vingt Pahouins que nous avons recrutés également à Libreville, comme porteurs, et qui, sans connaître notre langue aussi bien que Calixte, la comprennent assez pour pouvoir remplacer ce dernier. Nous avons, d'ailleurs, quelquefois, recours

La mission dans la brousse. (Page 51.)

à eux lorsque notre notre interprète titulaire est absent pour un motif quelconque, soit qu'il ait été envoyé en avant pour annoncer notre arrivée, soit pour toute autre raison.

Nous sommes logés sous la tente, et nous prenons nos repas dans une case appartenant à un traitant noir de la

Société d'explorations coloniales, qui dépend, par conséquent, de M. Forêt; son comptoir est comme une succursale de la factorerie d'Ekododo. Il a, dans son magasin, un stock de marchandises diverses (étoffes, perles, tabac, etc.), d'une valeur de quelques centaines de francs, et qu'il échange avec les Pahouins contre du caoutchouc.

C'est le dernier représentant que nous voyons d'une maison française. Dans leur voyage effectué l'an dernier, MM. Lesieur et Forêt ont bien installé quelques traitants dans l'intérieur, sur les bords du Volen supérieur, mais nous ne passerons pas dans cette région. Ils ont laissé à chaque traitant quelques Sénégalais armés pour le garder; et, précisément, pendant notre séjour à Mitombé, nous voyons arriver deux de ces Sénégalais, qui viennent tout déguenillés, et racontent que deux de leurs camarades ont été faits prisonniers dans un village dont les habitants se plaignent, paraît-il, de la disparition d'une caisse contenant des fétiches.

Le bruit s'est répandu dans les villages environnants que des blancs sont arrivés à Mitombé. Aussi les Pahouins sont-ils venus en foule pour nous voir; ils stationnent devant notre case, épiant nos moindres mouvements, absolument comme quand, devant une cage de ménagerie, nous en observons les pensionnaires.

Le soir, grand palabre au sujet d'une poule volée à un indigène. Le chef, entouré de tous les hommes armés, fait de grands gestes et crie très fort; il se découvre le buste, ce qui est, paraît-il, le signe d'une grande exaspération; il nous menace de nous faire la guerre. Finalement, il réclame, comme indemnité, cinq dollars en marchandises, ce qui équivaut à peu près à six francs. Le commandant Vilches les lui accorde : c'est, en effet, un porteur de la section espagnole qui a commis le larcin.

18 août.

Nous partons de Mitombé et nous engageons décidément dans la brousse, faisant notre première étape vers l'intérieur. Elle n'est pas longue, mais le chemin est affreusement mauvais, et plusieurs fois il faut traverser des ruisseaux très profonds.

La première marche au milieu de la forêt équatoriale est vraiment impressionnante. La nature ne connaît point de repos en ces lieux, où règne un été perpétuel; les arbres, toujours en croissance, entrelacent leurs branches, que les lianes escaladent pour aller fleurir tout en haut, près de la lumière, sur l'océan de verdure, dont les sommets arrondis des géants de la forêt sont les vagues moutonnantes sous les rafales des tornades, dont la fureur exaspérée ne parvient pas à troubler le calme du sous-bois. Sous l'abri protecteur des grands arbres, s'entasse une légion d'arbustes et de palmiers, de buissons et d'arbrisseaux, entre lesquels se glissent et s'accrochent une foule de plantes grimpantes qui s'enroulent autour des tiges, rampent sur les branches, se déploient en festons, en volutes, en spirales, retombent en cascade jusqu'au sol humide, horrible et nauséabond mélange sur lequel pourrissent les branches mortes, les arbres renversés, et tous les végétaux étouffés, vaincus dans cette lutte incessante, vaguement éclairée comme d'un crépuscule éternel.

Ces arbres, qui parviennent si difficilement à obtenir place à la lumière en se haussant les uns au-dessus des autres, ont encore peine à se maintenir sur un sol trop meuble et plein de vieilles souches; aussi beaucoup sont-ils obligés de se soutenir par des contreforts solides formant de profondes anfractuosités; ne pouvant étaler à l'aise leurs racines sous la terre, pour y trouver une base inébranlable, ils sont forcés de les faire monter contre leur tronc comme autant d'arcs-boutants pour s'y appuyer.

Que dire encore de la flore de ce pays? Pour que l'imagination en puisse dresser une image, il faudrait relire la description magistrale que Stanley en a faite dans son ouvrage, *Les ténèbres de l'Afrique*. La peinture en est forte et puissante; mais de l'avoir vue, de s'être trouvé noyé dans sa luxuriance, de s'être heurté à la barrière qu'elle oppose à chaque pas du voyageur, cela seul peut demeurer inoubliable.

Le sol étant trop encombré pour s'y mouvoir à l'aise, les animaux qui habitent cette forêt si touffue sont, pour la plupart, des grimpeurs. Des oiseaux qui ne savent pas chanter, mais sont doués d'un plumage multicolore et superbe, volent de cime en cime, à quarante mètres en l'air; des singes bruyants voyagent d'arbre en arbre, en se jouant et rivalisant de tapage avec une armée de perroquets gris à queue rouge; des écureuils sautillent de liane en liane; la panthère tapie attend son gibier; des serpents enroulés autour des jeunes troncs ou des racines aériennes descendent et fuient rapidement; les innombrables insectes qui pullulent dans l'humus épais sont chassés par d'énormes et nombreux crapauds, souvent surpris eux-mêmes par une longue colonne de fourmis dévorantes; les affreux sangliers, brutes armées de redoutables boutoirs, et les éléphants gigantesques, qui écrasent de leur poids ou renversent avec leur trompe agile tous les obstacles, peuvent seuls se frayer un passage sur terre, ainsi que le massif hippopotame, dont les troupeaux encombrent quelquefois les rivières, en bonne intelligence avec les crocodiles immondes, semblables à de vieux troncs immergés, guettant de leurs yeux glauques l'imprudente proie qui s'aventure à leur portée.

La forêt est si vaste, ses fourrés si denses, ses arbres si

élevés, que tout le tumulte de cette vie animale se confond en un bruit vague et mystérieux dont le silence qui règne sous sa voûte sombre est à peine troublé. Et ce sera toujours le même aspect grandiose, mais monotone, sur tout le parcours de la mission.

La forêt constitue le refuge ultime de peuplades guerrières, farouches, sanguinaires, cannibales et païennes, derniers vestiges de peuples rejetés vers l'Ouest par les invasions musulmanes du centre et arrêtés dans leur migration par la formidable barrière de l'Océan.

A Mandongo, où nous arrivons, nous sommes dans un tout petit village ; j'y trouve, à grand'peine, une misérable case pour me loger ; je n'y serai d'ailleurs pas seul, car dès le jour j'aperçois d'énormes rats.

Pendant que nous dînons, le chef et une de ses femmes viennent nous voir ; ils absorbent avec facilité de grands verres d'eau-de-vie.

Je vois une femme qui porte une ficelle passant dans le nez et soutenant deux grelots à ses extrémités; une autre est ornée d'un collier formé avec des cadenas et des clefs ; un homme est fier de son collier, lequel est constitué par une ficelle soutenant une carapace de tortue.

Tous les habitants ont le nez percé ; et, quand ils n'ont ni bague ni collier passant par l'ouverture, ils y enfoncent des fleurs ou même un simple morceau de bois.

Les hommes ont toujours le fusil à la main ; leur poudrière, suspendue au côté, est recouverte d'un grand nombre de peaux de singes, ce qui a pour but non seulement de garantir la poudre contre l'humidité, mais surtout de montrer qu'ils sont d'habiles tireurs, puisqu'ils ont fait tant de victimes.

S'appuyant sur l'acte de Berlin, le gouvernement local du Congo interdit, sur toute l'étendue de la colonie, l'entrée des fusils à piston et des capsules, les considérant comme armes de guerre et engins perfectionnés. Mais, dans la région que nous parcourons, où, en attendant le partage des territoires, ni la France ni l'Espagne n'ont fait encore acte d'autorité, l'introduction des fusils à piston s'est faite avec la plus grande facilité. Aussi, dans les villages voisins de la côte, y en a-t-il à profusion; nous le constatons *de visu* journellement.

19 août.

Nous partons de Mandongo vers l'Est, dans la direction d'Angouma, mais l'étape serait trop forte pour nous rendre à ce dernier village, et nous serons obligés de nous arrêter dans la brousse pour y coucher.

Nous commençons à franchir les monts de Cristal, ainsi nommés, paraît-il, parce qu'on y trouve de nombreux échantillons de cristal de roche; pour notre compte, nous n'en voyons pas trace. Le terrain est d'ailleurs entièrement quartzeux, et le quartz s'y rencontre sous des formes très diverses.

On sait que le continent africain présente une disposition singulière. Sa masse centrale forme un plateau immense; à une certaine distance de la côte, elle est entourée par une ceinture, un bourrelet de montagnes. La région côtière, très étroite, de pente rapide, est seule en communication facile avec la mer; on a comparé cette disposition à celle d'une assiette renversée. Aujourd'hui, nous commençons à franchir le bourrelet, constitué par les monts de Cristal.

Les fleuves, grands et petits, qui viennent du plateau central, ne franchissent ce bourrelet que par une série de cataractes et de cascades qui jettent brusquement à l'Océan les masses d'eau accumulées à l'intérieur. Telles sont les diverses rivières que nous rencontrons aujourd'hui, et que nous traversons à gué, ayant de l'eau jusqu'aux genoux.

De même, les grands fleuves que nous verrons au cours de notre voyage, l'Outemboni, le Volen, le Ntem, présentent, à une certaine distance de la côte, des gradins gigantesques. Les navigateurs venant de la mer s'y heurtent; et, tandis qu'ailleurs, notamment en Europe, les fleuves, continuant les anses et les golfes, sont les véhicules naturels des relations, formant ces fameux « chemins qui marchent » dont parle Pascal, ici ils ne présentent qu'obstacles et déceptions, et la chute prodigieuse des cataractes tend, devant l'explorateur surpris, une infranchissable muraille d'eau et de granit.

Vers la fin de la journée, je trouve un emplacement situé près d'un torrent et où nous pourrons camper. Nous nous y installons pour la nuit. Il nous manque un peu de confort; mais qu'importe! Nous sommes gais, et le temps passe.

Il pleut malheureusement toute la nuit; et nos pauvres porteurs, qui ne se sont pas aménagé des abris en feuillage, sont complètement mouillés.

20 août.

Nous quittons de bonne heure le campement où nous avons passé la nuit.

La marche s'effectue toujours à pied pour tous, car il serait impossible absolument à un animal de selle de passer dans les sentiers, lesquels sont mal tracés, coupés d'énormes troncs d'arbres, de lianes ou de fondrières. Quelquefois, le sentier s'arrête brusquement au bord d'un marigot, et il faut s'engager dans celui-ci, marchant dans l'eau et dans la boue, au milieu de lianes inextricables, pendant plusieurs heures avant de retrouver la suite de son chemin. On doit faire constamment de la gymnastique, les mains et le visage sont labourés par des lianes épineuses dont les piquants restent souvent dans la chair et occasionnent des plaies.

La marche, qui, on le voit, est des plus pénibles, se fait dans l'ordre suivant :

En tête, et précédant l'avant-garde, le commandant Vilches et le lieutenant Duboc, accompagnés de quelques hommes et plus ou moins bien renseignés par un guide pris dans le dernier village, effectuent le lever d'itinéraire à la boussole et au podomètre.

L'avant-garde, que je commande, est composée d'un certain nombre de miliciens, qui, en outre de leur service de protection, sont chargés d'améliorer rapidement le sentier en abattant à la matchette les lianes ou les branches trop gênantes pour les porteurs.

Viennent ensuite ces derniers ; quelques miliciens sont répartis de distance en distance parmi eux ; enfin, un dernier groupe de ces Sénégalais, sous la conduite du sergent, protège la queue de la colonne française. M. Bonnel de Mézières se porte tantôt en un point, tantôt en un autre, là où il juge que sa présence est nécessaire.

A une certaine distance en arrière, marche la colonne espagnole.

Toutes les heures environ, et lorsque le terrain s'y prête, je commande « halte », pour donner un repos de quelques minutes, et surtout pour faire serrer sur la tête de la colonne, qui, forcément, dans des chemins aussi difficiles, s'allonge dans des proportions considérables.

Nous continuons à franchir les monts de Cristal ; il faut toujours traverser des torrents, et, un peu avant d'arriver à Angouma, une large et profonde rivière, où nous avons de l'eau au-dessus de la ceinture.

La population d'Angouma ressemble à celle des villages que nous avons déjà visités. Les hommes ont cependant l'air d'être plus calmes que ceux de la côte, et le chef lui-même est assez doux ; il est sensible aux verres de tafia que nous lui offrons, et il nous fait cadeau d'un canard. Le soir, il vient avec ses cinq femmes, dont les notes de couturières ne doivent pas être bien élevées; elles ont un tout petit morceau d'étoffe comme vêtement, mais, par contre, de nombreux colliers de perles au nez et au cou. J'en vois une qui porte deux grelots pendus au nez, et encore ils ne sont pas semblables; l'un est un

Village en construction. (Page 58.)

véritable grelot, l'autre a la forme d'une clochette. Toutes ces femmes fument la pipe.

21 août.

D'Angouma à Masili.

Journée des plus pénibles. Il faut marcher dans des sentiers sur une argile extrêmement glissante, ou à quatre pattes sur des rochers non moins glissants. Les porteurs ne peuvent faire passer leurs charges par-dessus ces roches qu'avec l'aide de plusieurs de leurs camarades. Nous achevons aujourd'hui de franchir les monts de Cristal, qui sont, dans cette région, composés de trois chaînes parallèles, dont la nature quartzeuse est constante.

On pourrait peut-être expliquer la nature des terrains de ce pays, en admettant que toute la région était d'abord recouverte de terrains sédimentaires ; dans le mouvement d'affaissement général, se seraient formés les trois plis qui constituent les monts de Cristal, et qui, en perçant les couches sédimentaires, auraient mis à jour les terrains primitifs. Cette hypothèse permettrait de se rendre compte de la nature ancienne des roches dans les monts de Cristal, et de leur nature sédimentaire sur les plateaux de l'intérieur.

La végétation est toujours aussi puissante, et je remarque des arbres d'une très belle venue. Mais la brousse devient de plus en plus épaisse, et le sentier est par instants si étroit qu'il faut marcher de côté.

Les animaux sont très rares; d'ailleurs, le bruit de la colonne est suffisant pour les éloigner.

Masili, où nous nous arrêtons, ressemble à tous les villages pahouins. Ces villages sont, en effet, tous construits sur le même modèle ; et, quand on en a vu un, on les a tous vus.

L'emplacement est choisi au sommet d'une colline peu élevée et non dominée cependant, à petite distance, par une autre élévation ; c'est le principe du commandement, qui a toujours été observé en fortification, depuis les temps les plus reculés jusqu'à nos jours. Cet emplacement doit, de plus, remplir la condition d'être à proximité de l'eau; d'ordinaire, l'une des deux vallées situées de part et d'autre de la colline est suivie par une rivière.

Une fois le lieu choisi et débroussaillé, on procède à la construction du village, et, tout autour de celui-ci, à la plantation de bananiers.

Le village est formé d'une rue unique et bien tracée en ligne droite, la direction de celle-ci étant perpendiculaire à celle des deux vallées voisines. Les cases, en palmier et bambou, sont ordinairement juxtaposées les unes aux autres, et présentent peu ou point d'ouvertures sur la campagne.

A chaque extrémité, la rue est fermée par une case transversale, dite « case des palabres », parce que c'est là que le chef rend la justice. C'est une case commune, c'est le cercle de l'endroit, où les hommes passent leur temps à deviser de choses et autres, assis et fumant autour de deux bûches, qui entretiennent le feu perpétuel.

Détail particulier : ces cases sont ornées des crânes des singes ou des antilopes tués par les habitants, et qui, s'alignant là par centaines quelquefois, sont destinés sans doute à inspirer à l'étranger le respect d'aussi habiles tireurs. Mais le but principal de la case des palabres, c'est de servir de corps de garde pour la défense du village. Tout individu qui entre dans la localité ou qui en sort doit forcément traverser la case des palabres, ou tout au moins passer à côté, à sa portée.

L'organisation défensive est enfin complétée souvent, surtout lorsque le pays est en guerre, par une palissade qui, partant à droite et à gauche de chaque case des palabres, forme une véritable enceinte, discontinue seulement aux points naturellement inaccessibles.

Dans les villages importants, les cases des palabres se trouvent en travers dans la rue même et peuvent servir de corps de garde défensifs pour une défense à l'intérieur ; mais cela se présente surtout lorsque le village est divisé en plusieurs fractions ayant chacune son chef : dans ce cas, une case des palabres est attribuée à chacun d'eux.

Nous trouvons à Masili un dispositif que nous devons revoir dans plusieurs autres villages, et qui est destiné à éloigner les oiseaux de proie tentés de s'emparer des poules ou petits cabris. Ce dispositif se compose de deux mâts plantés de part et d'autre de la rue, et entre les sommets desquels est tendue une corde ou plus souvent une liane; à l'une des extrémités de cette corde est accrochée une sonnette, de telle façon que, si un oiseau un peu lourd vient se poser sur la liane, la sonnette s'agite, et l'oiseau, effrayé par le bruit, s'enfuit au plus vite.

22 août.

Après les marches pénibles de ces derniers jours, nos hommes ont besoin de repos; aussi décidons-nous de séjourner à Masili.

J'utilise mon temps à étudier l'organisation des Pahouins. En règle générale, un village est occupé par plusieurs familles appartenant à une même tribu et reconnaissant un chef. Les attributions de celui-ci consistent à régler les palabres, c'est-à-dire à rendre la justice; mais son autorité n'est pas toujours reconnue. En somme, chez les Pahouins, comme d'ailleurs dans de nombreuses peuplades africaines, le principe de tout gouvernement, de toute justice, est exactement le même que celui sur lequel se sont basées toutes les grandes civilisations anciennes ou modernes : la souveraineté nationale, se manifestant et s'exerçant de la façon la plus démocratique sur la place publique, avec le concours de l'universalité des citoyens. L'*agora* d'Athènes, le *forum* de Rome se retrouvent dans le *palabre* des Pahouins.

Je profite de ce jour de repos pour chasser et augmenter ma collection d'oiseaux, car, pendant la marche, le bruit de la colonne éloigne de nous tout animal, et il ne faut pas songer à tirer. La chasse est d'ailleurs très fatigante pour les blancs dans ce pays, et on est à peu près sûr d'y attraper la fièvre. Il vaut donc mieux confier son fusil à un noir, qui, s'il est certainement moins habile tireur, perdra du moins rarement dans la brousse le gibier qu'il aura vu tomber ; pour mon compte, j'avoue que, sur dix oiseaux que je tue, j'en perds bien neuf dans les herbes et les buissons ; aussi ai-je pris le parti de me faire accompagner par un boy, qui, mieux qu'un chien, m'apporte tout le gibier que j'ai abattu.

L'oiseau le plus beau, et en même temps le plus rare, est le foliotocole, dont le plumage vert, à reflets mordorés est vraiment magnifique. Malheureusement, il est très difficile à tuer ; car, s'il chante constamment, il est vrai, il se blottit à une hauteur de quarante mètres derrière une feuille, où il reste immobile pendant très longtemps, au lieu de sautiller de branche en branche, comme le font les oiseaux de nos pays ; ajoutez à cela que sa couleur verte le fait confondre avec le feuillage, au milieu duquel il se trouve, et vous comprendrez comment on peut rester sans le voir des heures entières sous un arbre où on l'entend chanter.

Ma collection comprend aussi des merles métalliques, ainsi nommés à cause de leurs reflets ; des turacos, gros oiseaux verts, jaunes et rouges ; des colibris, et d'autres espèces fort jolies. Ils sont vidés et préparés par l'ordonnance du lieutenant Duboc, qui a été autrefois au service d'un officier dont il a appris cet art.

23 août.

De Masili à Ebang.

Nous suivons un sentier moins accidenté, bien que la pente soit parfois très forte et que nous ayons à traverser de nombreux torrents.

Le sol est généralement argileux, et, par suite, comme il est humide, très glissant. De temps à autre, surtout dans le lit des torrents, nous trouvons des pierres, qui sont presque toutes quartzeuses. Nous voyons même un affleurement de silice très blanche, avec laquelle les Pahouins blanchissent quelquefois leurs cases.

La flore ne change pas, nous rencontrons toujours les mêmes essences : dans la brousse, des caoutchoucs (arbres et lianes) ; des okoumés, donnant un bois rouge et dur ; des combo-combo, fournissant un bois blanc léger qui sert à faire des radeaux ; des fromagers, dans lesquels les indigènes taillent des pirogues ; des fougères arborescentes atteignant jusqu'à quinze mètres de hauteur ; des aspidistra, etc... ; dans les plantations, des bananiers, des maniocs, des courges, des arachides, des ananas, etc.

Nous traversons de nombreux villages, qui sont petits, mais très voisins les uns des autres. Nous en sommes enchantés, bien que les arrêts qu'on y fait amènent forcément un peu de trouble dans la marche et offrent aux habitants l'occasion de nous voler. C'est que nos hommes peuvent y trouver un peu de vivres.

En arrivant dans un village où nous ne devons pas coucher, je laisse marcher l'avant-garde jusqu'à la case des palabres opposée à celle par laquelle nous sommes entrés ; là, je l'arrête, et je fais serrer toute la colonne sur la tête, de sorte que tout le monde se trouve bientôt dans l'unique rue du village ; on dépose les charges à côté les unes des autres, et chacun peut ensuite sortir du dépôt des colis pour aller acheter des vivres. Ce dépôt est gardé par des miliciens, qui empêchent les habitants de pénétrer au milieu des bagages. De cette façon, nous n'avons jamais eu de vol dans la traversée d'un village.

Nos hommes, qui reçoivent tous les deux, trois ou quatre jours, suivant les circonstances, des marchandises (étoffes, tabac, perles, etc.), variables avec la région, les échangent avec les Pahouins contre du manioc, des bananes ou toute autre denrée.

Pendant ce temps, nous nous renseignons auprès du chef sur le nom de la localité, la tribu, les chemins, et, le cas échéant, nous lui demandons un guide pour nous conduire jusqu'au village suivant. Mais nous rencontrons à ce sujet de graves difficultés. Lorsqu'en effet nous demandons un guide, il arrive : ou bien que personne ne se présente parce que, les deux villages étant en guerre, personne ne veut s'exposer à être tué, ou bien qu'un guide offre ses services, mais que, connaissant mal le chemin, il égare la colonne (par suite de l'état de guerre permanent, les Pahouins de l'intérieur voyagent peu et ne sortent presque jamais de leur village) ; ou bien, enfin, qu'il égare la colonne uniquement par malveillance.

24 août.

D'Ebang à Ephong.

Le sentier ressemble à celui de la veille. Le voyage est fort peu intéressant dans ce pays, parce qu'on reste constamment dans la brousse, où l'on ne jouit d'aucune vue. Alors qu'en pays découvert les fatigues de la marche trouvent une compensation dans la variété du spectacle, dans la forêt, au contraire, on monte, on descend, on chemine dans les pierres, dans l'eau ou dans la boue, mais on a éternellement devant soi le même tableau, une interminable voûte de verdure formée par les mêmes arbres.

Afin de rompre cette monotomie, je recueille des insectes pour ma collection, et, certes, je n'ai que l'embarras du choix, car leurs espèces sont des plus variées et des plus intéressantes. Je les remettrai à mon retour au directeur du Jardin colonial.

Bien que le chemin soit à peu près identique à celui

des jours précédents, il contient beaucoup plus de boue, et nous nous y enfonçons jusqu'aux genoux. Le terrain est très marécageux, nous ne voyons pas une seule pierre, pas même dans le fond des ruisseaux, mais de la boue, toujours de la boue.

Nous entrons, semble-t-il, dans une de ces régions de marais où les blancs sont si facilement enlevés par des accès pernicieux à forme grave, qui tuent brutalement en quelques heures. La tête semble tout à coup comme serrée dans un étau, le pouls bat très rapidement, et la température s'élève à 40 degrés, puis, continuant sa marche ascendante à 41, puis 42, soit la mort rapide et certaine.

Mais ne pensons pas à cette triste perspective, et examinons si la végétation est toujours la même : c'est bien difficile à voir, car la brousse est si épaisse et le sentier si mal tracé, que les hautes herbes, les arbustes et les buissons que nous entr'ouvrons avec notre corps, se referment après notre passage. Par instants cependant, nous pouvons apercevoir des arbres à proximité et reconnaître le caoutchouc, le fromager, le combo-combo, etc.; puis remarquer l'azom, arbre à tronc mince et lisse, produisant un fruit rouge aimé des Pahouins et des gorilles; les indigènes mangent aussi les jeunes pousses de la makola, plante assez semblable à la fougère, et dont nous rencontrons quelques spécimens.

Nous arrivons enfin à Ephong, et, malgré les fatigues de la marche, nous faisons, M. Nièves et moi, des observations astronomiques pour déterminer les coordonnées géographiques de ce village; nous constatons que nous sommes à la fois près du 1er parallèle nord et du 8e méridien est.

25 août.

D'Ephong à Foula.

Le village de Foula est très important. Les indigènes deviennent de plus en plus curieux, d'une curiosité gênante et que nous comprenons hostile. On sent autour de soi toutes ses actions épiées; on marche en plein jour à tâtons au milieu d'invisibles ennemis qui n'attendent que le moment propice, une légère faute commise, un écart aux règles rigoureuses que nous devons suivre pour assurer notre sécurité, pour la faire payer cher aux imprudents. . . . .

La nuit dernière déjà, au moment où le lieutenant Duboc sortait de sa tente pour faire une ronde et s'assurer de la vigilance des sentinelles, il a vu le chef du village se précipiter sur lui un couteau à la main; ce n'est que grâce à son sang-froid et à son énergie que cet officier a pu éviter le coup. . . . .

Aujourd'hui, en arrivant à Foula, nous trouvons un chef extrêmement arrogant; toutes les cases sont fermées, et les habitants se refusent à nous en prêter.

Tout cela indique qu'il y a quelque chose dans l'air. Et il y a, en effet, un complot. Notre interprète entend, au moment de la distribution du tabac entre les porteurs, des Pahouins tenir des propos qui ne laissent aucun doute sur leurs intentions. Il y a d'ailleurs parmi eux le chef du village de Sélégné, qui nous suit depuis plusieurs jours avec ses douze femmes, et qui va, nous a-t-il dit, chercher du caoutchouc dans l'intérieur pour l'apporter à la côte; mais je crois plutôt qu'il espère assister au pillage de notre convoi, et c'est sans doute pour rapporter sa part de butin qu'il a amené ses femmes. Ce qui me confirme dans cette opinion, c'est qu'il ne cesse de nous observer, nous, et surtout nos bagages, et que d'ailleurs on l'entend exciter les indigènes à nous attaquer.

La population est, d'autre part, très surexcitée par un événement survenu la veille : l'une des femmes du chef de Foula a reçu, d'un habitant d'un village ennemi, un coup de feu qui lui a fait une blessure grave, mettant ses jours en danger. C'est là un épisode commun dans les guerres de Pahouins; car, dans leurs luttes, la ruse a la plus grande part. Ils raillent le courage de l'homme blanc qui fait face à son adversaire et se plaisent aux embûches et aux attaques inopinées. Un homme a-t-il une querelle avec un autre, il se poste en embuscade, guette son ennemi, le frappe quand il passe et se sauve. Alors, les amis du mort entreprennent ordinairement de le venger; de là, de nouveaux guet-apens et de nouveaux meurtres. Souvent une douzaine de villages sont enveloppés dans cette vendetta, et en voilà pour des mois, pour des années de massacres et de vols, chaque parti s'en mêlant à son tour, à mesure qu'il en trouve l'occasion. De là, un manque absolu de sécurité, sentiment destructif de toute habitude stable. Souvent, pour échapper à l'assassinat, tout un village se déplace, et va se rebâtir à quelque distance, et même alors ses ennemis savent encore l'atteindre; il s'ensuit encore d'autres tueries. Ce n'est pas instinct sanguinaire chez eux, mais seulement mépris de la vie humaine, passion et désir de vengeance.

Quoi qu'il en soit, sur la demande du chef de Foula, le docteur Osorio va dès ce soir soigner la blessée et promet de revenir demain matin avant notre départ.

C'est sans doute cette promesse, jointe aux habiles dispositions prises par M. Bonnel de Mézières, qui nous évite d'être attaqués cette nuit.

26 août.

De Foula à Nzoguebo.

Nous rencontrons, dans le sentier, des affleurements de silice d'une blancheur éclatante. Les veuves s'en servent pour porter le deuil ; elles s'en blanchissent tout le corps, comme une femme que j'ai vue hier. Au lieu de se passer le cilice, elles prennent la silice.

Avec M. Bonnel de Mézières et le lieutenant Duboc, nous avons commencé, depuis notre départ, à constituer une collection de géologie ; mais, par suite de l'absence de coupures naturelles dans le sol, il est très difficile d'étudier la composition de ce dernier. La couche supérieure, constituée par de l'argile, recouverte elle-même d'une forte épaisseur d'humus, est très profonde ; et c'est seulement dans les berges des cours d'eau, qui sont d'ailleurs peu élevées, et dans les trous-pièges de chasse, profonds d'environ deux mètres, que cet examen peut être fait. Quant aux échantillons des roches, sauf en quelques points assez rares où des bancs de grès émergent au-dessus de l'argile, ils ne peuvent être récoltés que dans le lit des rivières, où ils ont très vraisemblablement été entraînés depuis des régions supérieures.

Les roches de la région que nous parcourons comprennent surtout des grès, du quartz, de l'amphibolite, de la latérite. Le quartz et les quartzites se rencontrent sous les aspects les plus divers. L'eau de certains ruisseaux à courant lent ressemble à de l'eau de chaux à cause de la silice en suspension qu'elle contient. Je recueille aussi de la pierre à fusil, dont les Pahouins ignorent la propriété, car ceux d'entre eux qui sont armés de fusils à pierre n'emploient que les silex venus d'Europe. Le cristal de roche est extrêmement rare : nous en récoltons un seul morceau. J'ajoute, enfin, qu'aucun fossile n'a été trouvé dans les terrains sédimentaires des plateaux.

De l'examen des échantillons et de la configuration du pays, il semble résulter que les roches primitives, granit et quartz, constituent comme la base du sol. Celui-ci est recouvert d'une épaisse nappe d'argile ferrugineuse, au-dessus de laquelle les affleurements rocheux sont rares.

L'énorme développement de l'argile ferrugineuse est un des caractères les plus frappants de la géologie de la région visitée. C'est un produit de décomposition superficielle plus ou moins remanié par les eaux ; mais, tandis que dans les pays tempérés cette destruction est le plus souvent très limitée, elle prend ici une importance capitale par l'action combinée d'une température très élevée et de pluies abondantes.

La seule matière minérale que j'aie rencontrée jusqu'ici est un minerai de fer (latérite) ; mais il est assez peu abondant. Cette rareté explique que la fabrication du fer par les indigènes soit nulle ; en tout cas, je n'en ai pas vu d'indice.

D'autre part, quoi qu'on nous ait annoncé la présence du quartz aurifère dans cette région et particulièrement dans les monts de Cristal, nous n'en avons pas trouvé trace.

27 août.

De Nzoguebo à Ebiang.

Les villages portant le nom d'Ebiang sont nombreux. Cela vient sans doute de ce que la localité s'appelle souvent comme son chef, et que le nom d'Ebiang est assez répandu parmi les Pahouins.

Ceux-ci paraissent n'avoir qu'un seul nom, ce qui ne présente pas d'inconvénient, attendu que les agglomérations sont généralement peu nombreuses, et qu'il n'y a, par suite, pas de confusion à craindre.

Comme je viens de le dire, les villages portent souvent le nom de leur chef; de sorte que, quand celui-ci vient à mourir, la localité change de nom; si l'on ajoute qu'elle change aussi fréquemment d'emplacement, on se rendra compte comment un voyageur qui revient dans le même pays au bout de dix ou vingt ans se trouve complètement désorienté. Et, de fait, le docteur Osorio, qui a déjà fait des explorations dans la région où nous sommes, a souvent bien du mal à se reconnaître.

Dans toute la zone équatoriale, et durant toute l'année, le soleil se lève à 6 heures du matin pour se coucher à 6 heures du soir, cela bien entendu avec une approximation dont la grandeur varie avec la situation de cet astre par rapport à l'équateur.

Il est un autre fait digne de remarque, et dont l'importance est considérable pour le voyageur. C'est la rapidité avec laquelle le jour arrive et disparaît : il n'y a presque pas d'aurore ni de crépuscule. Aussi convient-il de se guider, pour s'arrêter et camper, soit dans un village, soit dans la brousse, sur les indications de sa montre et non sur l'intensité de la lumière. Arriver de nuit, en effet, au lieu de campement, serait s'exposer aux ennuis les plus grands, en particulier à un grand désordre dans l'installation. Un bon moment est celui compris entre 2 h. 30 et 3 h. 30; c'est celui qui a été adopté, et, jusqu'ici, nous nous en sommes toujours bien trouvés. De cette façon, nous sommes complètement organisés lorsque la nuit vient.

En général, donc, lorsque nous arrivons à un village entre 2 h. 30 et 3 h. 30, je commande « halte » devant la case des palabres opposée à celle par laquelle nous sommes entrés; la colonne serre sur sa tête et toutes les charges sont déposées à côté les unes des autres.

M. Bonnel de Mézières explique au chef que nous ne venons pas faire la guerre, et que nous ne demandons qu'à vivre en bonne intelligence avec lui et ses administrés. Le chef apporte alors le cadeau traditionnel, et qui, suivant sa fortune et sa générosité, se compose d'un certain nombre de poules, cabris, canards, bananes, etc. Mais, quand on dit cadeau dans ce pays, on s'entend : dans l'esprit du chef, ce n'est qu'un échange qu'il a en vue, et un échange tout en sa faveur. Et, en effet, un jour, certain chef de village, mécontent des objets à lui donnés par la section espagnole, retira son cadeau : c'est de cette façon qu'on comprend l'hospitalité chez les Pahouins.

Notre chef de mission promet donc de donner à son tour un beau cadeau (pagnes, tabac, allumettes, perles, etc...), au chef, si celui-ci « fait bon » avec nous, c'est-à-dire s'il ne nous suscite pas trop d'embarras; mais, pour se ménager son amitié ou au moins son indifférence jusqu'à notre départ, on ne lui remettra son cadeau que le lendemain. N'agissons-nous pas d'ailleurs de même chez nous, en pays civilisé?

Quoi qu'il en soit, nous nous installons. Après un contrôle régulier par lequel la charge de chaque porteur est vérifiée, les colis sont disposés dans une case des palabres ou beigne, et un milicien est aussitôt placé en sentinelle pour les garder : cette sentinelle est souvent doublée pendant la nuit, surtout lorsque les sentiments des indigènes nous semblent hostiles. Des rondes sont faites régulièrement par le caporal, le sergent et M. Dubos, pour s'assurer de la vigilance de ces sentinelles.

La partie libre de la beigne devient notre salle à manger, qui est certes des plus rustiques; elle est ouverte aux quatre vents, et sa couverture se laisse quelquefois traverser par la pluie ou le soleil; on la répare sommairement avec quelques feuilles de bananier, on donne un coup de balai des plus nécessaires, et, une fois nos tables pliantes installées, nous voilà organisés : nous n'en mangerons pas moins avec bon appétit.

Notre cuisine s'installe à proximité, en plein air, dans une case libre ou sous un abri sommaire fait avec quelques branches et des feuilles de bananier.

Pendant ce temps, nos boys dressent nos tentes là où ils peuvent, car les emplacements ne sont pas toujours faciles à trouver, la pente étant souvent trop forte. En tout cas, c'est toujours au milieu de la rue; et, comme celle-ci est parfois très étroite, il ne reste presque plus d'espace entre nos tentes et les cases pour le passage de nos hommes et des habitants; aussi arrive-t-il que, par une nuit noire, ils se heurtent facilement aux piquets ou aux cordes et donnent ainsi à la tente un mouvement brusque, qui nous réveille en sursaut. Un petit caniveau est creusé tout autour de chaque tente pour nous garantir des eaux pluviales; mais, malgré cette précaution, il nous arrive plus d'une fois, étant donné la violence des orages, de voir un véritable torrent couler dans notre tente. Mes cantines, que j'ai tout à côté de ma couchette, sont heureusement métalliques et fermées bien hermétiquement : mes instruments, et, en particulier, le théodolite, la lunette et les montres, que je soigne comme la prunelle de mes yeux, sont placés au-dessus de tous mes colis et n'ont rien à craindre de la pluie.

Nous avons bien essayé, pendant les premiers jours de marche, de coucher dans des cases que les chefs nous offraient; mais nous y avons bientôt renoncé à cause des odeurs qu'on y respire et des animaux de toutes sortes qu'on y trouve; pour mon compte, j'ai eu une nuit une paire de bottines à moitié dévorées par les rats. Nous préférons donc maintenant nos tentes, bien que dans la journée il y fasse terriblement chaud.

De leur côté, les miliciens et les porteurs cherchent des abris soit dans des cases libres, soit en avant des cases occupées par les habitants, sous les sortes de vérandas formées par les avancées des couvertures.

J'ai déjà dit un mot des cases et de leur mode de construction en palmiers et bambous. Pour terminer ce qui les concerne, je dirai que chacune est divisée en un certain nombre de compartiments et est fermée par une porte bien primitive; c'est simplement une écorce d'arbre aplatie, qu'on place devant l'ouverture. Chaque compartiment comprend un ou plusieurs lits de camp en rondins.

Aux poutres des cases sont suspendus des fusils, couteaux, peaux de singes, fétiches de toutes sortes, enfin, quelques grossières poteries faites avec le sol argileux du pays. Sur la toiture, des crânes d'antilopes, de gorilles ou autres animaux indiquant, par leur nombre, le degré d'habileté à la chasse du propriétaire.

Pour éviter tout sujet de querelle entre les hommes des deux sections, le village est divisé en deux parties, attribuées respectivement aux porteurs français et espagnols. Lorsque deux villages sont à proximité l'un de l'autre, nous préférons encore loger nos hommes séparément dans chacun d'eux.

Nous voyons à Ebiang un grand nombre d'habitants, presque tous munis d'un petit balai de 50 à 60 centimètres de longueur, et qu'ils ne quittent pas; ils s'en servent pour chasser les mouches.

28 août.

D'Ebiang à Aniane.

Le terrain est toujours argileux, boueux et coupé par de nombreux marigots; nous rencontrons encore des affleurements de silice blanche.

Nous passons à proximité du mont Soumbo, rocher dénudé élevé d'environ 400 mètres au-dessus du niveau moyen du plateau. Ce pic et quelques autres que nous apercevons de distance en distance, émergeant au-dessus de la plaine, paraissent être des témoins de l'ancienne configuration du sol, telle qu'elle existait avant le mouvement d'affaissement qui a fait descendre l'ensemble des terrains de la région.

Il paraît que les Pahouins n'appellent jamais de son nom le mont Soumbo; la légende dit, en effet, que, si l'un d'eux venait à prononcer son nom, la montagne s'entr'ouvrirait : il en sortirait aussitôt un mauvais esprit, qui mettrait à mort tout le monde.

On croit ici beaucoup aux esprits, et j'ai déjà dit que les blancs étaient considérés comme des noirs revenus sur terre; nous ne serions, en somme, que des nègres blanchis par notre passage dans l'autre monde.

De fait, à Ebiang, une femme ne m'a pas quitté des yeux de toute la journée; et, lorsque je lui ai fait demander par l'interprète ce qu'elle voulait, elle a répondu qu'elle me reconnaissait, car j'étais son frère, mort depuis un an : je n'étais pas très fier.

Il y avait, à ce moment-là, à côté de moi, notre clairon, Akadengué, un de ces Sénégalais qui, comme mon ordonnance Samba-Li, courent tous les pays et font successivement tous les métiers, sans faire fortune, bien entendu. Mais, alors que Samba manque d'intelligence, Akadengué a l'esprit vif, il est en tout cas très rusé. Il sait parler, outre le sénégalais, le français, le loango, le pahouin, et, je crois, aussi un peu l'anglais. Quoi qu'il en soit, il a entendu la conversation de l'interprète et de la femme à mon sujet, et il prend aussitôt la parole : « Oui, dit-il à la femme, ce blanc est ton frère, il te reconnaît bien, lui aussi; mais il vient de loin pour revoir son pays et il meurt de faim; puisque tu es sa sœur, tu ne peux lui refuser ces bananes. » La femme s'empresse de lui donner pour moi un régime d'excellentes bananes;

ce qui prouve une fois de plus l'utilité qu'il y a de connaître les langues étrangères.

C'est pour éviter les méfaits des mauvais esprits que les Pahouins suspendent à leur cou toutes sortes de gris-gris, dont chacun a une vertu particulière. Ils ont ainsi en grande vénération les dents de tigre, et il nous a été très difficile, même en les payant bien, de les décider à nous en vendre. Ils portent encore comme fétiches certains fruits desséchés; j'ai vu un indigène qui avait fixé sur son front, attaché à ses cheveux, le crâne d'un petit singe.

29 août.

Séjour à Aniane.

Hier, la colonne espagnole a été égarée par son guide et conduite au village d'Akok au lieu d'Aniane, qui est mieux dans la direction à suivre; ce qui suit démontre que c'est bien intentionnellement que le guide l'avait égarée.

Quoi qu'il en soit, il était trop tard pour nous rejoindre, et nous avons dû passer la nuit, les deux sections étant séparées par une assez grande distance. Nous nous mettions néanmoins en communication avec nos collègues espagnols dès hier soir en leur envoyant un planton pour leur dire que nous séjournons demain à Aniane, afin de les attendre.

Cette séparation devait être néfaste pour eux. D'abord leur théodolite leur est volé; puis, aujourd'hui, pendant qu'ils viennent nous rejoindre à Aniane, le docteur Osorio, qui marche en tête, reconnaît, à l'aide de la boussole, que le guide les éloigne de plus en plus de leur but : il lui donne une correction exemplaire et le renvoie. Mais les porteurs, qui, comme je l'ai dit, sont des Pahouins, s'arrêtent, déposent leurs charges et se refusent à marcher : ils prétendent qu'on les conduit au Gabon français et déclarent ne pas vouloir y aller. Ils étaient donc probablement d'accord avec le guide. Le docteur Osorio parvient, par son énergie, à les faire marcher jusqu'à Aniane.

Cette mutinerie prouve combien nous avons eu raison de composer notre colonne comme nous l'avons fait. Je commence par déclarer que la section espagnole n'avait pas la possibilité de recruter ses porteurs autrement que dans ses possessions de l'Afrique occidentale : c'est ce qu'elle a fait, et elle n'a pu trouver presque que des Pahouins.

Or, prendre comme porteurs des hommes de même race et de même langue que les habitants de la région à parcourir, c'est s'exposer à ce que les uns et les autres s'entendent pour massacrer ou piller la mission, ou tout au moins à ce que des porteurs désertent en emportant leurs charges. Emmener, au contraire, des hommes de race et de langue différentes de celles des autochtones, c'est s'assurer le concours de gens qui ont tout intérêt à ne pas abandonner la colonne, surtout dans un pays d'anthropophages; et, de fait, la plus sévère punition dont nous puissions menacer un porteur, c'est de le laisser au milieu des Pahouins.

Voilà pourquoi nous avons recruté nos coolies à Loango et à Mayumba. Nous avons bien dû, il est vrai, embaucher une vingtaine de Pahouins à Libreville; mais nous nous rendons compte que, s'ils étaient plus nombreux, ils nous créeraient de réels ennuis. Outre, en effet, l'inconvénient signalé ci-dessus, ils présentent celui d'être difficiles à commander; toutefois, il nous fallait, dans tous les cas, en enrôler quelques-uns connaissant le français, pour remplacer l'interprète si celui-ci devenait indisponible.

Il faut avouer cependant qu'une colonne composée,

comme la nôtre, de Sénégalais, de Pahouins et de Loangos, n'est pas non plus exempte de causes de difficultés.

Ces trois races, extrêmement différentes, doivent être commandées de façon très diverses.

Le Sénégalais, très fier et avant tout homme de guerre, doit être conduit par l'amour-propre; le Pahouin, encore à demi-sauvage, n'est sensible qu'aux récompenses et aux punitions touchant à son alimentation; enfin, le Loango est doux et assez facile à diriger : avec lui, la menace suffit souvent.

Des hommes de races si distinctes et vivant côte à côte doivent forcément se heurter de temps à autre. Je suis heureux de constater que cela ne se produit que fort rarement, et qu'en tout cas on rétablit rapidement la paix lorsqu'on a compris, une fois pour toutes, la manière d'agir avec chaque catégorie.

Je reviens à Aniane, où arrive la colonne espagnole venant d'Akok. On ne lui a pas encore rendu son théodolite; cependant, des habitants de cette dernière localité prétendent savoir où il est et s'offrent à le faire rendre en échange de diverses marchandises. L'accord s'établit; mais le paiement de cette sorte de rançon n'est pas fait pour diminuer les convoitises des indigènes, qui jettent sur nos colis des regards de plus en plus significatifs.

Depuis plusieurs jours déjà, et nous l'avons compris à Foula, il se trame un complot contre nous. Le bruit a couru que les hommes armés de plusieurs villages se rassemblaient près du mont Soumbo pour nous attaquer; nous nous sommes tenus sur nos gardes, et c'est peut-être à cette vigilance que nous devons de n'avoir rien vu.

Mais aujourd'hui le chef de Sélégué, dont j'ai déjà parlé, et qui nous suit toujours, excite contre nous les habitants d'Aniane et leur reproche de ne pas nous avoir encore pillés. Notre interprète entend heureusement son discours et nous en prévient. Nous nous décidons à en finir avec cet homme et à l'éloigner définitivement. M. Bonnel de Mézières lui dit que nous connaissons ses excitations et lui ordonne de partir sur-le-champ, et de ne jamais plus se montrer là où nous serons; un milicien introduit, devant ses yeux, une cartouche dans son arme et le pousse en dehors du village, le menaçant de le tuer en cas de résistance. J'espère que nous serons débarrassés de cet individu. Mais, comme il peut, cette nuit, revenir avec les Pahouins du village voisin, nous nous gardons sérieusement.

30 août.

D'Aniane à M'neulá.

Le nom du village où nous devons coucher ce soir (M'neula), me fait penser au grand nombre de mots pahouins commençant par *m'* ou *n'*. Je reviendrai plus tard sur le langage de ce pays, lorsque je l'aurai mieux étudié, mais dès à présent je remarque combien la prononciation paraît difficile. En tout cas, elle est tout à fait spéciale, et, pour mon compte, je n'ai jamais rien entendu qui s'en rapproche, ni dans les langues européennes, ni dans le loango ou le sénégalais. En Algérie, j'ai observé la dureté de l'arabe; mais cela n'est rien à côté du pahouin. Je le répète, je ne saurais comparer à rien de connu cette prononciation, et je ne puis dire qu'une chose, c'est que la langue est très dure, les mots venant tantôt du gosier, tantôt du bout des lèvres; beaucoup de syllabes sont pour ainsi dire mangées, c'est-à-dire dites avec la bouche fermée : c'est ce qui a lieu pour les *m'* ou les *n'*; tel est le mot *M'fan*, qui signifie Pahouin. Les indigènes s'appellent, en effet, les *M'fans;* et je n'ai jamais pu savoir pourquoi nous les avions baptisés Pahouins, et les Espagnols Pamues. Je terminerai cette observation en disant que la langue des Pahouins a certainement des sons que nous ne pouvons reproduire; à tel point que, si, étant tous présents, trois Français et trois Espagnols, il nous arrivait d'entendre prononcer un mot par un Pahouin, chacun de nous l'écrivait d'une façon différente.

En cours de route, il se produit un petit incident. En passant dans un village nommé Assila, nous faisons une courte halte. Notre clairon, qui en a profité pour entrer dans une case afin d'acheter des vivres, ne retrouve plus sa cartouchière au moment du départ : la cartouchière était pleine de cartouches.

Averti, le chef de mission entre dans la case; et, la femme qui seule s'y trouve ne pouvant donner des indications sur l'endroit où est l'objet volé, nous l'emmenons prisonnière. Elle est attachée à un poignet avec une corde que tient un milicien. Elle n'a d'ailleurs pas l'air d'être très émue; qui sait si elle ne préférerait pas venir avec nous plutôt que de rester avec son seigneur et maître?

Mais celui-ci ne l'entend probablement pas ainsi; car le chef du village, prévenu que la femme ne sera rendue qu'en échange de la cartouchière, retrouve celle-ci et nous la fait remettre. Il y manque toutefois une cartouche. La femme ne sera rendue à la liberté que lorsque nous aurons reçu quatre poulets pour prix de la cartouche disparue.

La Pahouine a dû s'estimer d'une grande valeur, puisque nous l'avons considérée comme valant une cartouchière remplie de vingt cartouches, et que, d'autre part, nous avons évalué une cartouche à quatre poulets. Cela fait donc 80 poulets plus une cartouchière vide pour représenter la valeur de la femme.

Mais je laisse là ce calcul, pour m'arrêter un instant sur le système des otages que nous venons d'appliquer.

En tout autre pays, chez les Arabes, par exemple, allez vous aviser de prendre une femme comme otage dans un village, même après que vous aurez été volé dans la localité : tous les hommes s'armeront aussitôt et vous attaqueront. Ici, les Pahouins semblent admettre en principe que le vol doit toujours être puni, quelle que soit la personnalité aux dépens de laquelle il a été commis; ils ne sont jamais solidaires du voleur. Voilà pourquoi, à Assila, tout le village ne s'est pas levé contre nous.

J'en viens maintenant aux quatre poulets que nous avons reçus à titre d'indemnité. J'ai déjà dit que, à notre arrivée dans les villages où nous devons coucher, les chefs nous font ce qu'ils appellent un cadeau, et ce qu'il vaudrait mieux nommer une vente forcée. Or, ce cadeau se compose de cabris, de canards ou de poulets. Nous mangeons quelquefois un cabri, mais c'est un mets dont on se lasse vite; et, plus souvent, lorsque nous arrivons à en avoir deux ou trois, nous distribuons la viande à nos hommes, ce qui est pour eux un véritable régal; on ne peut, en effet, s'embarraser d'un troupeau de cabris, car chacun de ces animaux exige, en marche, un gardien particulier, porteur ou milicien. Cette conduite n'est pas une sinécure : outre que le cabri, ne tenant pas à s'éloigner de son village, résiste et se fait traîner dans le sentier, en bon nombre d'endroits (franchissement d'un gros tronc d'arbres, passage d'un cours d'eau, etc.), il doit être porté sur les bras comme un enfant, et son conducteur est vite sur les dents.

Nous ne mangeons donc généralement que les canards et les poulets qu'on nous donne; nous en achetons d'ailleurs aussi toutes les fois que nous le pouvons, bien que ces animaux soient absolument étiques : c'est, en effet, la seule viande fraîche que nous puissions trouver dans le pays. Je dirai même que c'est le seul aliment que nous y recueillions. Si, les premiers jours de notre voyage, dans le voisinage de la côte, nous avons eu quelques légumes, tels que des ignames et des taros — tubercules analogues à la pomme de terre mais moins bons qu'elle — maintenant nous ne pouvons plus rien nous procurer; aussi sommes-nous heureux de nous faire de temps à autre une salade avec du pourpier ou des feuilles de manioc.

Nous devons donc nous contenter de manger exclusivement des conserves. Je m'empresse d'ajouter que M. Bonnel de Mézières a composé cet approvisionnement d'une manière parfaite, et nous pouvons avoir ainsi les plats les plus variés.

Nous espérions bien, en partant, alimenter un peu notre menu avec les produits de notre chasse, et nous nous étions munis à cet effet d'un véritable arsenal, auprès duquel l'armement de Tartarin n'était rien; mais, je l'ai déjà dit, le gibier est très rare et fuit au loin devant le bruit de la colonne.

Nous nous rattrapons sur notre troupeau de poules, qui, en ce moment, comprend une douzaine de volailles; mais ce n'est pas tout que d'avoir une basse-cour, il faut la transporter vivante d'une étape à l'autre, posséder en définitive un poulailler portatif : c'est l'une des malles métalliques que nous avons achetées dans une factorerie à Libreville, et qui, si elles sont couvertes de belles peintures agréables à l'œil du nègre, n'en sont pas plus solides. Celle qui constitue notre poulailler est déjà toute bosselée. Je plains ces pauvres bêtes, qui sont entassées là-dedans, sans air respirable, par la température que nous subissons, et je me demande comment elles ne s'étouffent pas : il faut que dès leur jeune âge elles aient été élevées à la dure. Une fois arrivé à l'étape, le cuisinier les extrait de leur prison, et les attache une à une par la patte aux environs de la cuisine, où elles picorent quelques miettes, en attendant de passer dans la casserole du chef.

Je n'ai pas grand'chose à dire de celui-ci, si ce n'est qu'il s'acquitte convenablement de ses fonctions; c'est un Loango, que nous avons recruté à Libreville, et qui a déjà circulé beaucoup : il a été cuisinier de M. Bobichon à Bangui, je crois.

Il nous fait du pain de temps en temps, avec l'aide d'un autre Loango. Nous avons, à cet effet, apporté de la farine, et une poudre fabriquée en Belgique, et qui remplace le levain pour faire lever la pâte. Après avoir fait chauffer une marmite munie de son couvercle, le cuisinier y introduit de petits morceaux de pâte pouvant peser de 100 à 150 grammes; il nous fait ainsi une provision de pains pour quelques jours. Si, lorsque cette provision est épuisée, il ne peut la renouveler, soit parce que nous arrivons trop tard à l'étape, soit pour toute autre cause, nous mangeons des biscuits que nos collègues espagnols ont apportés.

Comme boisson, nous avons eu du vin pendant quelque temps, mais notre approvisionnement est consommé, et nous ne pouvons plus porter les toasts qui surgissaient à toute occasion, et qui rompaient un peu la monotonie. Je dois dire cependant que c'était toujours le même, et je vais en dire l'origine en même temps que la formule.

A la fin d'un dîner quasi officiel que nous prîmes un jour à la côte, des discours non moins officiels furent prononcés; tout à coup, l'un des convives, à l'extrémité de la table, leva son verre, et « Messieurs, à la vôtre! », dit-il d'un air vainqueur. Après les graves discours que nous venions d'entendre, ce fut un froid général, mais chacun éprouva intérieurement un fort accès de gaieté; et les six membres de la commission se rappellent toujours en riant de bon cœur ce toast fameux. Aussi, chaque fois que l'occasion s'en présentait, à l'époque heureuse où nous avions encore du vin, quelqu'un levait son verre en disant : « Messieurs, à la vôtre ! »

Mais maintenant nous n'avons plus à boire que de l'eau, plus ou moins bonne, ou, quand on a pu en faire, du thé froid. Nous avons bien essayé un jour de prendre du vin de bananes, obtenu par la fermentation dans l'eau, pendant douze heures, de grosses bananes coupées en morceaux; mais cette boisson a un goût fade et doucereux qui nous a dégoûtés, et nous y avons renoncé.

Que nous sommes loin du confort des pays civilisés, et combien nous l'apprécierons mieux à notre retour !

Depuis notre départ de Bordeaux, c'est-à-dire depuis le 15 juin, nous n'avons pas encore reçu de courrier de France : cette absence de nouvellees de sa famille et de ses amis est certainement l'un des inconvénients les plus pénibles attachés à la vie de l'explorateur.

Je ressens plus particulièrement une impression de tristesse lorsque Akadengué, notre clairon, nous joue tous les airs de nos régiments, qu'il a appris je ne sais où. Sur ce sol lointain, ces sonneries vives, alertes, gaies, vous parlent des jours écoulés; elles rappellent à la pensée tout ce qui est absent, si ce n'est dans les cœurs; c'est un écho de cette chère France, à laquelle chacun envoie ici tous ses souvenirs et tous ses vœux.

31 août.

De M'neula à Itam-Abam.

Rien de remarquable pendant la marche. Le nom du village d'Itam-Abam n'est pas celui d'un chef, mais c'est la réunion des noms de deux grands arbres qu'on voit à côté de la localité.

Dès notre arrivée, nous profitons, le capitaine Nièves et moi, d'une courte éclaircie pour observer le soleil.

Les indigènes, ahuris à la vue de mon théodolite, qu'ils prennent probablement pour un fétiche, alors que, me voyant examiner le soleil, ils me croient certainement moi-même un sorcier, s'approchent de plus en plus, au point de devenir gênants. Je dois les faire éloigner par deux miliciens.

J'ai à peine terminé mes observations qu'un orage extrêmement violent éclate, qui dure toute la nuit. Comme il n'y a pas de beigne pouvant nous servir de salle à manger, nous dressons notre table sous une tente; mais la pluie est si forte que l'eau traverse la toile; de plus, le sol est transformé en un véritable torrent, et c'est avec les pieds complètement dans l'eau que nous dînons.

1er septembre.

D'Itam-Abam à Assang.

Le terrain et la végétation sont toujours les mêmes.

Depuis mon départ, je compose un herbier des principales espèces végétales rencontrées, comprenant des feuilles, fleurs et fruits; je le remettrai, à mon retour, au directeur du Jardin colonial.

En tout pays, la nature du tapis végétal est un élément essentiel, non seulement du paysage, mais encore de la vie matérielle des populations. La flore ne pouvait donc me demeurer indifférente, et je ne perds aucune occasion de la noter.

En ce qui concerne les produits naturels du sol, les principales espèces que j'ai remarquées jusqu'ici sont les suivantes :

J'ai déjà cité l'okoumé, l'ébène, le palétuvier, le pandanus, la fougère, le combo-combo, le fromager; il me reste à dire quelques mots du cautchouc, du palmier, de l'arbre à étoffe.

Le caoutchouc est représenté par les espèces les plus

différentes : lianes grimpantes ou rampantes; des arbres dont la hauteur atteint plus de vingt mètres, et de nombreuses espèces arborescentes. Les Pahouins ont l'habitude, non pas seulement de saigner les lianes, mais encore de les couper, pour en extraire le plus de lait possible. Il en résulte que les lianes à caoutchouc ont disparu près de la côte et au voisinage des grandes rivières.

Le palmier est abondant. Les principales essences sont : le raphia, qui se trouve seulement près de la côte, de même que le palmier à huile; le palmier-bambou, qui sert à la construction des cases; enfin les indigènes consomment les jeunes bourgeons d'un palmier à tige très mince, qui est le rotang : les Européens donnent à ce bourgeon le nom de palmier-asperge.

L'arbre à étoffe (urostigma vogelii) se rencontre de distance en distance, mais paraît assez rare dans cette région.

Pour ce qui est des cultures faites par les indigènes, j'ai déjà cité celles du bananier et du manioc; j'ai aussi remarqué l'arachide, la patate, l'ananas, l'igname, le maïs, la canne à sucre, le tabac, le taro.

L'arachide croit très bien dans la région et j'en vois souvent des plantations.

Il en est de même de la patate.

L'ananas se trouve dans les villages, devant les cases; il croît aussi dans la forêt, mais on l'y rencontre plus rarement. Il est alors surtout répandu le long des sentiers. C'est que les indigènes emportent avec eux des fruits dont ils perdent en route les graines ou les œilletons; la plante se propage ainsi de proche en proche, et gagne des régions de plus en plus éloignées du littoral.

L'igname possède des tubercules comestibles gorgées d'une fécule volumineuse et atteignant souvent un poids considérable.

Le maïs est cultivé à peu près partout. Il en est de

même de la canne à sucre; toutefois on la rencontre plus souvent dans l'intérieur qu'au voisinage de la côte.

Le tabac est cultivé à proximité de quelques villages, mais sa culture est très limitée.

Le taro fournit des tubercules farineux, qui constituent un aliment excellent; ils sont, en effet, gorgés de fécule et ont l'avantage de ne présenter aucune saveur trop particulière ou trop accentuée.

En résumé, la seule richesse naturelle exploitée est le caoutchouc, mais la récolte en est réduite faute de main-d'œuvre.

Quant aux cultures, les indigènes les limitent à leurs besoins. La fertilité excessive de ces terrains vierges permettrait certainement d'y acclimater des produits qui, sous un faible volume, représentent une grande valeur, tels que le café et la vanille.

2 septembre.

D'Assang à Bikouga.

Le soir, en arrivant, je suis pris d'un accès de fièvre assez violent.

Je ne sais à quoi l'attribuer, aux fortes chaleurs que nous subissons, aux miasmes des marais, à nos immersions de tout instant dans les nombreux cours d'eau et marécages que nous rencontrons, aux déluges que nous recevons sur nos vêtements déjà mouillés par les passages de rivières, ou enfin, aux piqûres des moustiques qui, en tout cas, nous occasionnent aux mains et au visage des démangeaisons fort pénibles.

Je prends une forte dose de chlorhydrate de quinine. Nous sommes d'ailleurs déjà presque tous au régime de la quinine préventive, et nous nous en trouvons bien. Le flacon est toujours sur notre table, à tous les repas, au même titre que le sel. Mais c'est surtout le matin, avant de nous mettre en route, que nous absorbons chacun notre dose; et, comme nous n'avons pas de papier azyme pour faire des cachets, les uns la prennent dans une feuille de papier à cigarettes, les autres, dont je suis, l'avalent dans une simple cuillerée d'eau.

J'ai apporté l'ouvrage *Au Congo* du baron de Mandat-Grancey, et je viens d'y lire, au sujet de la fièvre et de la quinine, une page si amusante que je ne résiste pas au plaisir de la transcrire :

..... J'avais toujours cru, dit l'auteur, que le sang est un liquide rouge qui circule dans les veines, sauf à en sortir lorsqu'on reçoit un coup de poing sur le nez, ou qu'avec un instrument perforant, on fait un trou dans l'enveloppe des conduits où il se promène. Mais je me trompais. Il paraît que le sang est un liquide incolore qui s'appelle le plasma. Ce qui lui donne de la couleur, ce sont de petites bêtes qui sont rouges, qu'on appelle des globules, et qui nagent dans nos veines, comme des poissons dans un bocal. Et ces globules rouges ne sont pas les seules petites bêtes qui vivent dans notre sang. Il y a aussi des globules blancs. Et tous ces globules se mangent les uns les autres. Il faut qu'ils soient dans une certaine proportion pour que nous nous portions bien. Quand dix mille globules blancs ont été mangés par les globules rouges, il faut que dix mille globules rouges soient à leur tour mangés par les globules blancs. Sans cela le propriétaire de l'aquarium où se passe le massacre est malade.

Tous ceux qui se sont occupés de pisciculture savent que, lorsqu'un étang est envahi par les herbes, certaines de ces herbes conviennent à certains poissons, mais nuisent aux autres. Or, il paraît qu'un séjour dans les pays chauds fait pousser dans les veines des algues (!!!), lesquelles algues ont la propriété de rendre les globules blancs tout frétillants, mais au contraire ont une influence désastreuse sur les globules rouges. De sorte que, lorsqu'il y en a trop, ces pauvres petites bêtes, ne se sentant plus en force, finissent par être tellement démoralisées qu'un beau jour elles prennent le parti de s'en aller. C'est ainsi qu'agissent quelquefois les hirondelles quand elles trouvent qu'il y a trop d'éperviers dans un canton. Et les phénomènes qui caractérisent la fièvre hématurique, ces évacuations de sang effrayantes, sont simplement dus à cette émigration en masse des globules rouges qui se sauvent par la seule voie qui leur soit ouverte. Le patient s'en va dans l'autre monde parce qu'il ne peut pas vivre dans celui-ci sans globules rouges. D'ailleurs, il ne tarderait pas à n'avoir plus de globules blancs non plus, parce que ceux-ci, n'ayant plus rien à se mettre sous la dent, ne pourraient plus vivre; de sorte qu'il ne lui resterait plus dans les veines qu'un plasma inhabité.

Voilà les belles choses qu'on m'a racontées. Depuis quelques années, les médecins ont inventé des choses si extraordinaires que celles-là ne semblent pas beaucoup plus surprenantes que les autres. Seulement, il paraît qu'ils ne m'avaient pas tout dit. Car, vers le mois de mars dernier, il m'est tombé entre les mains une communication que l'illustre docteur Koch, ce médecin allemand qui a inventé la *kochine* — un liquide merveilleux qui, injecté dans le sang des vaches, apprend si elles sont tuberculeuses — venait de faire à un congrès médical. Or, s'il faut l'en croire, la fièvre hématurique est bien caractérisée par une émigration des globules rouges : mais cette émigration n'est pas du tout provoquée par la présence des algues dont le paludisme encombre les veines. Ils résistent très bien aux algues. Ce qui les force à s'en aller, c'est la quinine, qui les tue aussi sûrement que l'eau de chaux tue les poissons dans les étangs. Elle les rend peut-être sourds et aveugles. Cela ne serait pas bien étonnant, puisqu'elle produit cet effet-là aux humains. Dès que le corps est saturé de quinine, elle pénètre dans le sang, et c'est alors que les globules rouges s'en vont.

Voilà la théorie de M. Koch! Je ne sais pas si elle est vraie. Mais cela est bien possible, parce qu'elle explique deux choses : d'abord que la fièvre hématurique ait été inconnue au temps où l'on ne donnait la quinine qu'à petites doses; ensuite, qu'elle ne se déclare jamais qu'après un an ou deux de séjour, alors que l'organisme commence à être saturé. D'où il faudrait conclure que la fièvre hématurique est une de ces très nombreuses maladies qui ont été créées de toutes pièces par les médecins, comme probablement la névrose et l'appendicite, dont personne n'avait jamais entendu parler autrefois et qu'on nous donne en voulant nous guérir d'autres maladies.

3 septembre.

De Bikouga à Oungona.

A la suite de l'accès de fièvre que j'ai eu hier, je me trouve un peu souffrant, et je dois faire en hamac l'étape, d'ailleurs assez courte aujourd'hui, puisque le trajet ne dure pas plus d'une heure et demie.

On se rendra compte combien il est fatigant de voyager de cette façon dans des sentiers aussi tourmentés et aussi mal tracés, si l'on songe aux chocs que donne forcément et constamment le hamac tant contre les rochers que contre les troncs d'arbres, aux frôlements des lianes épineuses, aux insectes de toutes sortes qui vous tombent sur le corps par suite de l'ébranlement donné aux arbres et aux arbustes, et enfin, les jours de pluie, à la transformation rapide du hamac en une baignoire absolument étanche.

C'est à Libreville, avant notre départ pour l'intérieur, que, avec des bambous et de la toile à voile, nous avons fait fabriquer ces hamacs, les uns pour personne assise, les autres pour personne couchée; mais étant donnée la trop grande hauteur du premier système pour le genre de sentiers à suivre, nous avons dû l'abandonner dès le début de nos marches et nous en tenir au hamac ou tipoï pour personne couchée, où, comme je viens de le dire, on se trouve dans une situation fort incommode.

4 septembre.

D'Oungona à Bingoura.

En traversant un village, j'achète une peau de panthère. Si je cite ce fait, bien qu'il soit en lui-même de peu d'importance, c'est parce que c'est là un article que nous voyons rarement. Nous en concluons ou bien qu'il y a peu de panthères dans le pays ou bien, ce qui est moins vraisemblable, que les indigènes ne savent pas chasser cet animal.

Les habitants paraissent s'occuper assez sérieusement de la récolte du caoutchouc. Je n'appuie pas seulement ce renseignement sur ce que j'ai rencontré des arbres et des lianes produisant du latex : certaines espèces, en effet, comme le manioc, donnent un latex, mais qui est tout autre chose que du caoutchouc. J'ai vu dans les villages les produits coagulés, et constaté que c'était bien du caoutchouc (et non, par exemple, de la gutta, qui est facilement reconnaissable en ce qu'elle n'est pas élastique à froid).

Les indigènes obtiennent la coagulation par l'action de la chaleur seule. Ils ne connaissent pas, en tout cas ils n'emploient pas, à cet effet, certains produits végétaux (baobab, etc.) qui amènent la coagulation par l'action de leur tannin ou de leurs acides.

Nous coupons deux fois la rivière Como, qui va se jeter dans le Gabon. Les réponses à de nombreuses questions adressées aux indigènes prouvent que c'est bien le Como. C'est une véritable découverte géographique, car, d'après les cartes existantes, la longueur de cette rivière serait beaucoup moins considérable. Nous établissons donc qu'elle naît en territoire espagnol; d'après les renseignements qui nous sont fournis, elle serait formée par la réunion de deux cours d'eau qui prennent leur source sur ce territoire.

Dans la même journée, nous franchissons le Bia, qui serait un affluent du Voleu : nous entrons donc dans le bassin de ce grand fleuve.

Depuis le commencement de la mission, j'ai remarqué que les Pahouins, hommes et femmes, ont un nombril énorme. Doivent-ils cette particularité à une opération mal faite à leur naissance, ou bien est-ce là un résultat voulu par eux? Je croirais plutôt à cette dernière hypothèse : ils paraissent, en effet, trouver cette proéminence tout à fait à leur goût, puisqu'ils la reproduisent sur les grossières statuettes en bois qu'ils fabriquent et dont ils font des fétiches.

5 septembre.

De Bingoura à Ebiang.

Le sentier est un peu moins mauvais que celui des jours précédents.

Malheureusement, nous avons la pluie pendant une bonne partie de la marche. Un grand nombre de nos porteurs, qui n'ont pas de vêtements de rechange, se déshabillent complètement, font de leurs hardes un paquet, qu'ils protègent de leur mieux en le plaçant sous leur charge, et reçoivent stoïquement sur leur dos l'eau céleste. Mais, comme ils sont heureux, à la première éclaircie, de se mettre des effets secs ! Ils sont, à ce point de vue, plus favorisés que nous, pauvres blancs, qui devons conserver jusqu'au gîte d'étape nos vêtements complètement trempés.

Nous n'en avons pas fini d'ailleurs avec la pluie pour aujourd'hui; car, à peine commençons-nous à nous installer à Ebiang, et alors que le ciel était devenu beau, nous subissons une violente tornade. On ne peut se figurer la rapidité des changements atmosphériques ici; en quelques minutes tout est bouleversé. Aux temps les plus sereins succèdent, sans transition aucune, les bourrasques les plus terribles, qui, elles aussi, cessent comme par enchantement. Ce sont comme des accès de folie dans les airs.

J'interroge depuis quelque temps les Pahouins sur la mort; aujourd'hui, j'ai pu questionner sur ce sujet un chef qui m'a donné des détails vraiment intéressants.

Comme la naissance et comme le mariage, la mort est

célébrée par l'inévitable tam-tam. Les parents du défunt offrent à boire et à manger. Cela ne se fait-il pas d'ailleurs quelquefois dans nos campagnes ?

Le corps est enterré dans la forêt, au pied d'un bel arbre, souvent d'un fromager; on va pleurer un jour ou deux à cet endroit, et l'on apporte quelquefois au mort de quoi manger. Puis tout est fini pour le commun des mortels.

Mais, pour les chefs, lorsqu'on juge que le temps a fait son œuvre et que les ossements sont dépouillés de leur chair, le cadavre est déterré, la tête enlevée, peinte en rouge, et va rejoindre, dans une caisse ou une vieille barrique, les têtes de ses ancêtres, mêlées dans le même récipient aux reliques les plus importantes de la famille. Cette barrique est déposée entre les mains du nouveau chef, et c'est elle que l'on invoque à la veille des grands événements, guerre, chasse, etc.

Pour terminer cette question de la mort, j'ajoute que les enfants sont généralement enterrés dans le sol de la case même où habitent les parents.

Les Pahouins n'ont pas de langue écrite, et ils ne sont pas peu étonnés de me voir noircir des feuilles de papier avec des lettres ou des chiffres : cela doit achever de les confirmer dans l'idée que je suis un sorcier, si mes observations du soleil n'ont pas suffi à les convaincre.

Leur langage parlé est très dur, comme je l'ai déjà dit. Ajoutez à cela qu'ils parlent sur un ton très élevé, au point qu'ils ont toujours l'air de se disputer, et que, même quand ils vous disent des choses aimables, on pourrait croire qu'il vont vous mettre à mort. Ils sont très palabreurs, discutent des heures entières pour un rien. Le meilleur discours est celui qui dure le plus longtemps et qui est prononcé de la voix la plus forte; il commence toujours par le mot *mazouna,* qui signifie « je dis que »; cette expression revient d'ailleurs souvent dans le cours de la conversation.

Presque tous les soirs, dans le village où nous nous trouvons, lorsque la nuit est arrivée, le chef parcourt la rue unique en faisant à haute voix des recommandations à ses administrés, qui, dans leurs cases, n'en continuent pas moins à vaquer à leurs occupations; comme les autres, ces discours sont remarquables par la fréquente répétition du mot *mazouna*.

Le soir, à Ebiang, nous assistons à un tam-tam, où l'instrument de musique est un véritable xilophone, semblable à ceux que nous voyons chez nous. Le Pahouin qui en joue frappe avec un bout de bois sur huit ou dix morceaux de bois de longueurs et d'essences différentes.

Mais l'instrument de musique que nous rencontrons dans toutes les cases des palabres, et le seul que nous y voyons généralement, est fort peu compliqué : il se compose d'un simple tronc d'arbre d'environ 1m,50 à 2 mètres de longueur et de 0m,50 à 0m,60 de diamètre; ce tronc est creusé et ne possède comme ouverture qu'une seule fente dans le sens de la longueur; il n'est recouvert d'aucune peau. Un ou deux hommes frappent sur ce tronc avec des baguettes, qui sont souvent en ébène.

Nous avons quelquefois vu des instruments à cordes formés par un bambou mince d'environ 0m,80 de longueur; pendant qu'il est encore vert, deux entailles rectilignes parallèles sont faites dans l'écorce sur une longueur de 0m,50; la bande d'écorce d'environ un centimètre de largeur comprise entre ces entailles est divisée en quatre ou cinq cordes, qui sont maintenues à leurs extrémités; elles sont soulevées et soutenues en leur milieu par une petite crémaillère en bois, qui les tend. Ces instruments sont peu employés.

6 septembre.

D'Ebiang à Keigne.

Notre marche s'effectue sur une sorte de plateau assez uni, qui présente en tout cas moins de collines et de vallées que le terrain parcouru ces derniers jours.

Nous arrivons vers deux heures à Keigne, misérable village situé sur un emplacement à pente raide; l'herbe pousse très haute dans la large rue, et il faut la faucher, c'est-à-dire la couper avec la matchette, là où doivent être établies nos tentes.

Pendant que ce travail s'exécute, je prépare mon théodolite et commence à faire des observations. Mais tout à coup, et sans que rien n'ait pu le faire prévoir, arrive une tornade, qui m'oblige à renfermer précipitamment mes instruments et qui arrête le travail de dressage des tentes. Celles-ci sont ensuite installées, mais tout à fait dans la boue.

Je fais une acquisition. Mes seaux en toile qui contenaient ma provision d'eau pour la toilette, sont complètement pourris, et je dois les remplacer par un récipient quelconque. Je n'ai pas le choix, il n'y a ici que de grosses gourdes : j'en achète donc une, que je paie d'une boîte d'allumettes.

J'observe, depuis notre départ, la coiffure des Pahouins, et je constate qu'elle est assez variable d'un village à l'autre, et souvent, dans la même localité, d'une personne à l'autre.

Près de la côte, les indigènes se font de petites tresses, auxquelles ils attachent des colliers de perles bleues. Ici, les cheveux sont coupés en forme de casque, une sorte de cimier en cheveux étant laissé le long de la ligne médiane. Les enfants sont coiffés en lanterne, c'est-à-dire rasés partout, sauf sur cinq ou six secteurs convergeant vers le sommet.

La tête est généralement nue; mais ceux, hommes ou femmes, qui peuvent se procurer des cartes de boutons de chemise s'en font des espèces de casques, qu'ils cousent avec les cheveux eux-mêmes; de sorte que cette coiffure est inamovible, et que leurs propriétaires ne peuvent pas se laver ni même se gratter : aussi cette coiffure abrite-t-elle une faune des plus grouillantes, et voit-on fréquemmment les indigènes qui la portent se frapper la tête à grands coups avec la paume de la main, lorsqu'ils éprouvent des démangeaisons par trop vives.

Dans certains villages, cette coiffure est mise à l'abri de la poussière par une véritable housse faite avec un morceau de vieux pagne, et qui est enlevée seulement les jours de grande fête.

7 septembre.

De Keigne à N'kout.

Le village de N'kout est très petit, mais présente un aspect moins délabré que celui de Keigne, d'où nous venons.

Les cases les plus importantes et les plus neuves appartiennent au chef, qui paraît heureux de notre décision, quand nous le prévenons que nous coucherons chez lui. Il me semble cependant que son bonheur vient, non pas du plaisir qu'il peut avoir à héberger des hôtes sympathiques, mais plutôt de son espoir de tirer de notre passage beaucoup de profit.

Et, de fait, nous le constatons bientôt, car il vient se plaindre d'avoir été volé par nos hommes de quantité de choses que ceux-ci ne pouvaient avoir aucun intérêt à dérober.

De sa rapacité, je ne veux retenir qu'un fait : c'est que, dès que nous sommes installés, il vient nous amener ses deux filles, âgées de 12 à 14 ans, et dont l'une, suivant l'expression de notre interprète, est toute neuve (à quoi le reconnaît-il?). Quoi qu'il en soit, le chef n'a pas, j'en suis persuadé, éprouvé instantanément pour nous une telle affection qu'il désire devenir notre beau-père, et son but est certainement et uniquement d'être rétribué de l'offre qu'il nous fait. Ses vœux sont exaucés, et ses deux filles lui sont renvoyées avec des pagnes superbes et des miroirs à l'aide desquels elles pourront se rendre compte de leur genre de beauté; mais leur père n'aura pas, cette fois-ci, de petits-enfants mulâtres, et sa jeune fille lui est rendue tout aussi neuve qu'elle était..., à moins cependant que notre interprète n'ait voulu vérifier son pronostic. Mais, s'il en est ainsi, j'ai bien peur qu'il n'ait constaté son erreur, et à ses dépens encore, car, au bout de quelques jours, il doit présenter les symptômes d'une maladie toute spéciale à laquelle la fille soi-disant veuve n'est peut-être pas complètement étrangère.

Tout cela prouve que la femme est considérée ici comme une servante, et même comme une esclave; et, ce qui le démontre encore, c'est qu'à la mort du mari ses femmes sont réparties entre ses fils, comme pourrait l'être chez nous un troupeau de moutons.

La polygamie existe naturellement, et c'est au nombre de ses femmes qu'on mesure la fortune d'un indigène. C'est que la femme constitue, en effet, toute la richesse. C'est elle qui fait tous les travaux, travaux d'intérieur et travaux des champs. L'homme considère comme indigne de lui de travailler et ne se livre qu'aux nobles occupations de la guerre et de la chasse.

Avant notre départ de Libreville, on nous a beaucoup parlé de la jalousie des Pahouins, raconté à ce sujet force anecdotes et donné de bons conseils. Il faut croire que ces narrateurs n'ont pas poussé bien loin leurs excursions, car la jalousie des Pahouins nous paraît être une véritable invention. Je crois même qu'ils sont, à ce point de vue, plutôt heureux de notre passage et du profit que leurs femmes peuvent leur procurer à cette occasion. Nos miliciens et nos porteurs sont, en effet, généralement bien reçus ici par le sexe faible (par habitude, j'allais dire : le beau sexe, mais ce ne serait pas exact). Nous avons même, ces jours-ci, vu un mari posté en factionnaire à l'entrée de sa case, pour qu'aucun importun ne

Franchissement d'une rivière à gué.

vînt troubler les amours passagères d'un milicien avec l'une de ses femmes.

8 septembre.

De N'kout à un campement dans la brousse.

Notre itinéraire suit de temps en temps quelques courts sentiers à peine tracés au milieu d'une forêt impénétrable, mais presque toute la journée nous cheminons dans de larges rivières, où nous avons de l'eau jusqu'au-dessus du genou. Ces alternatives de mouillage et de séchage produisent sur nous des impressions très désagréables.

Le village d'Aquas, vers lequel nous nous dirigeons, étant trop éloigné de notre point de départ pour que nous puissions parcourir la distance qui l'en sépare en une seule étape, nous sommes obligés de coucher dans la brousse.

Donc, lorsque, vers 3 heures de l'après-midi, nous trouvons un emplacement qui soit à proximité de l'eau, dont le sol présente une légère pente, et qui, en somme, remplisse les conditions d'un bon bivouac, je commande « halte ».

Comme dans les villages, toute la colonne serre sur la tête, et, après quelques minutes de repos, nous nous installons.

Les charges sont successivement contrôlées et déposées en un tas, que recouvre une bâche; une sentinelle est aussitôt placée pour les garder.

Des emplacements sont débroussés, et nos tentes sont dressées.

Puis nos hommes organisent pour eux des abris en feuillage, qui leur sont d'autant plus utiles que nous sommes en pleine saison des pluies. Ils allument de grands feux, qu'ils entretiennent toute la nuit, et qui, outre l'avantage de leur donner de la chaleur, ont encore celui d'éloigner certains animaux, tels que les serpents et les crapauds, dont le voisinage est toujours désagréable. Cela n'empêche pas d'ailleurs que des insectes de toutes sortes, mille-pattes, termites ailés, moustiques, etc., n'envahissent nos tentes; mais nous n'en dormons pas moins d'un profond sommeil.

9 septembre.

D'un campement dans la brousse à Aquas.

Nous cheminons successivement le long de deux ri-

BIBLIOTHÈQUE NATIONALE

vières, mais fréquemment le sentier disparaît et c'est dans l'eau que nous devons marcher pendant un certain temps avant de retrouver la suite de notre piste.

Le terrain comprend toujours, sous une épaisse couche d'humus, une nappe profonde d'argile ferrugineuse. Ce n'est que dans le lit des rivières que nous trouvons quelques pierres, lesquelles sont toujours des fragments de roches quartzeuses.

Nous rencontrons un nombre inconcevable de fourmis.

Plusieurs tribus de ces petites bêtes se montrent si redoutables pour l'homme et pour tous les animaux, par leurs morsures venimeuses, leur nature féroce et leur voracité, qu'on peut les appeler les maîtresses de la forêt.

Il y a de nombreuses espèces qui diffèrent par le choix de leur nourriture, par la nature de leur venin, par leur genre d'attaque ou par leurs travaux.

Les unes, rouges, ne se construisent aucune sorte de demeure. Elles n'emportent rien, mangent tout sur place. Leur habitude est de marcher sur une longue file régulière de plusieurs kilomètres de longueur. Rien ne leur résiste : les noirs se sauvent à toutes jambes; tout animal qui se trouve sur leur passage est pourchassé à outrance. Elles voyagent nuit et jour. Souvent, réveillé en sursaut, le voyageur doit se précipiter hors de sa tente et fuir.

D'autres, les fourmis blanches, ou termites, ne mordent ni n'attaquent aucun animal. Elles se nourrissent de matières végétales, et s'attaquent surtout aux vieux bois. Nous avons heureusement pris la précaution d'emporter de France des caisses métalliques; car, si l'on dépose une caisse en bois sur le sol, le lendemain le bois est couvert de petits tunnels de terre de la grosseur d'un tuyau de plume d'oie, et les termites auront rongé le bois en zigzags. Ces atroces petits agents de destruction sont la terreur du pays, comme de tout le Congo, du reste, où ils dévorent les piliers de case, les emballages de toile ou de bois, perçant les objets qu'on laisse à terre. Les fourmis blanches ont horreur du jour, et font tout pour s'y dérober. Leurs nids, de forme curieuse, avec des toits plats qui les dépassent, absolument comme des champignons, sont construits avec de la terre humectée par une sécrétion qui leur est propre et qui sèche à l'air. La terre dont elles bâtissent leurs demeures devient si solide, qu'elle peut supporter les orages les plus violents et les plus prolongés, sans se ramollir ni se briser. Elles s'abritent ainsi en même temps contre les autres fourmis, leurs ennemies.

Enfin, la petite fourmi noire se trouve par myriades dans les villages. On suspend toutes les provisions au plafond avec des cordes enduites de glu pour intercepter le passage de ces fourmis.

Après une rude ascension, nous arrivons, vers 4 heures, à Aquas, village très pauvre. Il est situé sur l'un des points les plus élevés de la région, et d'où l'on jouit d'une vue splendide, ce qui est extrêmement rare dans les villages du pays que nous visitons.

10 septembre.

Séjour à Aquas.

Nous faisons, M. Nièves et moi, chacun de notre côté, comme toujours, des observations astronomiques. D'après les résultats de nos calculs, nous sommes arrivés à proximité de la rencontre du 1er degré de latitude nord avec le 9e degré de longitude est. Il nous faudra donc, dès maintenant, effectuer fréquemment des opérations de ce genre pour trouver exactement et fixer sur le terrain cette intersection, qui est un point principal de la frontière.

Comme je l'ait dit déjà, Aquas paraît être établi sur l'une des positions les plus élevées de la région. Je viens d'ailleurs de le vérifier en calculant son altitude, ainsi que je le fais depuis notre départ pour tous les gîtes d'étapes.

J'avais emporté, à cet effet, un hypsomètre ; mais malheureusement, le thermomètre que comprenait cet instrument a été cassé dès le début des opérations, et le seul procédé qui me soit devenu possible est celui basé sur l'emploi du baromètre anéroïde compensé. Les baromètres à mercure sont, en effet, trop incommodes et trop fragiles pour être emportés dans des missions à allure rapide.

Les résultats obtenus paraissent devoir être considérés comme suffisamment exacts, si l'on considère que je prends toutes les précautions possibles, dont je citerai les deux suivantes :

Les lectures sont toujours faites le baromètre étant à plat, pour éviter les erreurs provenant des positions différentes données à l'instrument.

D'autre part, je ne fais jamais d'observation pendant le mauvais temps, pour ne pas m'exposer à avoir des renseignements erronés. Les baisses énormes qu'enregistre d'ailleurs le baromètre pendant les tornades ne subsistent pas longtemps après la fin du phénomène. Généralement, une heure après la pluie, l'aiguille est revenue à sa position normale.

11 septembre.

D'Aquas à Foula.

Pendant la marche, nous sommes rejoints par quatre Sénégalais de la Société d'explorations coloniales, que M. Forêt nous envoie avec notre courrier. Ils viennent d'Ekododo à étapes forcées. L'idée de recevoir des nouvelles de France nous réjouit tous, et nous avons hâte d'arriver à Foula pour ouvrir le sac et savoir comment se portent nos parents et nos amis. Mais hélas! quelle déception! Le courrier contient des lettres pour nos collègues espagnols et des journaux pour le lieutenant Duboc. Pas une seule lettre pour nous trois, rien qui parle des absents. Combien nous préférerions maintenant n'avoir pas eu cette courte joie! Les journaux ne nous apprennent d'ailleurs aucune nouvelle sensationnelle.

Nous voulons cependant profiter du retour des Sénégalais pour leur confier quelques lettres : nous ferons donc notre correspondance à Foula.

Dans ce village, comme dans celui qui porte le même nom et où nous avons couché le 25 août, nous avons quelques ennuis, quelques palabres avec les habitants.

D'abord, à peine sommes-nous installés depuis quelques instants que j'entends du bruit, une discussion, et je vois aussitôt venir au pas de course un Pahouin, tenant une poule dans une main et son fusil dans l'autre; il est poursuivi par deux Sénégalais de notre escorte; ils vont tous trois en venir aux mains, et ce sera peut-être l'étincelle qui mettra le feu aux poudres. Il s'agit cependant de bien peu de chose, mais ici le plus petit événement prend une importance considérable, parce qu'il peut entraîner les conséquences les plus graves : notre cuisinier venait d'extraire de son poulailler portatif sa basse-cour ambulante, lorsqu'un indigène, passant par là, aperçoit une poule blanche qu'il confond, de bonne ou de mauvaise foi, avec l'une des siennes; et, prétendant qu'on la lui a volée, il s'en empare. Sur les protestations du cuisinier, deux miliciens courent après le voleur, qui, pendant cette poursuite, s'arrête plusieurs fois, et, mettant les Sénégalais en joue, les menace de faire feu. Enfin tout s'explique, lorsque le Pahouin retrouve sa poule blanche.

Voilà un bien petit incident, qui a failli cependant faire couler le sang.

Un peu plus tard, il s'en produit un autre, d'importance tout aussi minime, et qui est également sur le point d'amener un conflit armé général. Un tricot est volé à l'ordonnance du lieutenant Duboc, pendant qu'il séchait près de la rivière. Le chef du village, appelé, commence par déclarer ignorer quel est le voleur ; puis, pressé de questions, il finit par avouer que c'est lui-même qui a commis le larcin. Mais, lorsqu'il est mis en demeure de restituer l'objet volé, il ne peut ou mieux ne veut pas dire où se trouve celui-ci.

En présence de cette fourberie, nous le faisons amarrer ; on lui lie les bras et les jambes, et on lui déclare qu'il restera ainsi tant qu'il n'aura pas rendu ou fait rendre le tricot. Il se met aussitôt à pousser des cris terribles, parlant à très haute voix à ses administrés qui entourent la case des palabres où nous sommes avec le prisonnier, et les engageant probablement à prendre les armes. Ses proches parents entrent, parlementent avec nous et avec lui, puis s'en vont. Que vont-ils faire ? Peu à peu, les femmes, les enfants et les animaux sortent des cases et vont se cacher dans la brousse, en un endroit où, le cas échéant, nous ne pourrions les atteindre. Les hommes vont donc probablement nous attaquer ; d'autant plus que le chef, toujours attaché dans la beigne et gardé à vue par un milicien, ne cesse de gémir et de pousser des hurlements toute la nuit.

Mais que s'est-il passé ? Les indigènes ont-ils tenu un conseil et décidé de suspendre toute action contre nous ? Toujours est-il que le jour arrive sans qu'aucune attaque ne se prononce. Puis le prisonnier se décide à donner les indications nécessaires pour faire retrouver le tricot.

Dès lors, nous l'avertissons qu'il n'a plus qu'à nous

donner quatre poulets, à titre d'amende. Il s'exécute, et nous lui rendons la liberté.

12 septembre.

Séjour à Foula.

Je fais des observations astronomiques. Les calculs qui les suivent nous apprennent que nous ne sommes pas tout à fait encore au 9e méridien : il nous faudra donc encore marcher dans la direction de l'Est.

13 septembre.

De Foula à Oundong.

Le matin, avant de partir de Foula, nous achevons notre correspondance et la remettons aux quatre Sénégalais qui nous ont apporté le courrier, et qui vont rentrer à Ekododo. Si nous n'avons pas de nouvelles de nos familles, qu'elles reçoivent au moins des nôtres !

Le sentier est très glissant aujourd'hui, surtout dans la première partie de l'étape : c'est toujours, en effet, l'éternelle argile ferrugineuse qui constitue le sol.

En arrivant à Oundong, le capitaine Nièves et moi nous faisons des observations astronomiques : nous constatons avec satisfaction que nous avons enfin coupé le 9e degré de longitude est, et que nous ne sommes pas loin du fameux point d'intersection à partir duquel la frontière se redresse à angle droit, quittant le 1er parallèle nord pour suivre le 9e méridien.

14 septembre.

Séjour à Oundong.

Une partie de la commission, comprenant des représentants des deux sections, va déterminer sur le terrain la position de la rencontre du 1er parallèle avec le 9e méridien, et marquer ce point.

Le sol étant composé d'une forte couche d'argile et ne comprenant pas de pierres, il est impossible de songer à élever en maçonnerie des bornes destinées à jalonner de temps en temps la frontière. Le seul moyen dont dispose la commission consiste à couper et écorcer des arbres, et à y graver des inscriptions : c'est ce qu'elle fait aux points importants.

Il ne faut d'ailleurs pas s'illusionner sur l'importance de ces bornes (arbres, pierres, maçonnerie ou tous autres matériaux). La végétation est, en effet, tellement puissante que ces bornes, si même elles ne sont pas détruites par les indigènes, sont rapidement envahies par la brousse et disparaissent en quelques mois.

D'ailleurs, quelque rapprochées qu'elles soient, elles ne seront jamais visibles l'une de l'autre, et il faut, pour retrouver la frontière entre deux d'entre elles, effectuer quelques levers d'itinéraires. Or, il sera tout aussi facile, connaissant, au moyen de la carte, les coordonnées des villages ou autres lieux qu'on peut retrouver sur place, de tracer la frontière sur le terrain.

Nous remarquons que, plus encore que sur la côte, dans la région où nous sommes, les Pahouins, hommes et femmes, se liment les dents en pointes très effilées; et c'est pourquoi sans doute ils se frottent constamment les mâchoires avec un morceau de bois; car, leurs dents n'étant plus protégées par l'émail, seraient rapidement cariées si elles n'étaient pas maintenues dans un état de propreté extrême. J'ajoute, en passant, que c'est la seule partie de leur corps qui soit propre, et qu'ils sont, en général, d'une saleté repoussante.

Pourquoi se liment-ils les dents? Est-ce, comme certains le prétendent, pour manger plus facilement la chair humaine? Je n'en sais rien. En tout cas, quand nous les interrogeons à ce sujet, les indigènes protestent énergiquement, et répondent que c'est par simple fantaisie qu'ils se taillent ainsi les dents.

Ce qui est certain, et ce qu'ils avouent d'ailleurs, c'est qu'il y a quelques années seulement ils étaient anthropophages. Il paraîtrait que l'horrible pratique du cannibalisme serait la conséquence d'anciens rites funéraires. N'a-t-on pas découvert d'ailleurs dans des tombeaux, près du Caire, que les Egyptiens et les Lybiens honoraient de cette manière leurs parents décédés?

Il n'est pas besoin d'ailleurs, dit M. Mocquerys, d'aller loin de Libreville pour assister à l'un de ces festins plutôt macabres. Pendant l'un de mes séjours dans la capitale du Congo français j'ai été témoin du fait suivant, que j'hésiterais presque à raconter si je n'avais en ma possession une preuve indiscutable : la photographie de la scène que je vais décrire.

Des Pahouins dont le village était situé auprès de Sibangue, à trois quarts d'heure de Libreville, avaient saisi le soir une femme boulou, et, après l'avoir ligotée, l'avaient emportée dans la brousse, à un endroit où ils comptaient bien n'être pas dérangés. Or, le foie de femme étant un fétiche précieux, on commença par ouvrir le ventre de la malheureuse et la moitié en fut distribuée par petits morceaux aux hommes présents, pour les préserver des balles et des maladies. L'autre moitié était la part du féticheur.

La cérémonie fétichiste terminée, on organisa le repas. Quelques Pahouins coupèrent dans la brousse des piquets se terminant en fourche et construisirent un bûcher sur lequel on plaça la victime après lui avoir à peu près séparé la tête du tronc; puis ils allumèrent un grand feu pour la cuire.

Un boy qui rentrait à Libreville, ayant entendu les cris de la femme et les hurlements des Pahouins et comprenant ce qui se passait, accourut au galop prévenir le juge.

J'étais son voisin, et, comme j'étais seul à posséder un appareil photographique, il me pria de me joindre à lui. Vers 3 heures du matin, ayant avec nous 40 miliciens, nous cernions toute la bande, qui ne s'attendait certes pas à pareille surprise, et vers 8 heures nous rentrions triomphalement à Libreville, ayant avec nous, comme prise la plus importante, le féticheur, au cou duquel était encore attachée la moitié du foie de la malheureuse.

Cette description me porterait plutôt à trouver l'origine de l'anthropophagie non dans d'anciens rites funéraires, mais dans la privation de nourriture à certaine époque de longue famine pendant laquelle il fallut dévorer son voisin pour ne pas mourir soi-même, ce que l'on continua de faire ensuite par goût.

Cependant, ce n'est pas la pénurie des vivres qui peut excuser le cannibalisme, car, aux maigres aliments que donnait primitivement la forêt et dont les noirs savaient se contenter, sont venues s'ajouter plusieurs plantes, dont deux surtout, le manioc et le bananier, sont d'une immense utilité pour la nourriture des Pahouins. Elles furent importées on ne sait au juste ni quand ni comment, mais on est certain qu'elles ne sont pas indigènes, et pourtant leur culture est si bien répandue maintenant dans la forêt qu'on appelle la zone forestière la région du manioc, par opposition à la région des graines, qui comprend les savanes et les autres terres cultivables, quoique le bananier et le manioc n'y soient point inconnus.

Le manioc est d'une croissance rapide; mais ses racines contiennent un suc très vénéneux qu'il faut détruire pour obtenir un aliment abondant et salutaire; pour cela, on coupe les racines en morceaux, qu'on fait tremper pendant trois ou quatre jours dans un courant d'eau vive. La fermentation volatilise le principe vénéneux, analogue à l'acide cyanhydrique, mais donne, par contre, une odeur de beurre rance au manioc. Les racines devenues malléables sont alors pétries et les fibres retirées; il en résulte une pâte gélatineuse qu'on façonne en blocs longs et arrondis qui, enveloppés de feuilles, et cuits, constituent le véritable pain des noirs. Cet aliment n'étant ni salé, ni lavé, est fade et difficile à digérer, mais est très nutritif.

La culture du manioc est simple. Dans un terrain déboisé, il suffit de piquer, à un mètre d'intervalle, deux ou trois morceaux d'une tige de cette plante pour avoir en peu de temps des rameaux en buissons de deux mètres de haut; à chaque pied rayonnent cinq ou six racines, pesant déjà de 2 à 3 kilogrammes à dix-huit mois.

A Oundong, je remarque que les habitants ne tiennent plus de fusil à la main; c'est peut-être simplement parce qu'ils n'en possèdent pas; nous sommes à une grande distance de la côte, et l'on comprend que, une fois arrivées ici, les armes atteignent des prix énormes. En tout cas, les indigènes, hommes et femmes, sont tous armés d'un grand couteau, qui n'est autre chose qu'une matchette transformée. Ou bien ce couteau est enfermé dans un étui en peau ou en bois, ou bien ils le tiennent à la main, la lame nue.

Ils sont d'une curiosité excessive; on est venu de plusieurs villages des environs pour nous voir, et l'on observe tous nos mouvements.

15 septembre.

D'Oundong à Ebom.

Nous abandonnons définitivement, à partir d'aujourd'hui, la marche vers l'Est, et nous prenons la direction du Nord, en nous éloignant le moins possible du 9e degré de longitude. C'est presque le retour; aussi sommes-nous tous animés d'une grande envie de travailler beaucoup.

Mais nous avons un temps de chien pendant toute la journée; et, outre un orage extrêmement violent, qui nous trempe jusqu'aux os, nous devons subir des difficultés inouïes pour avancer dans un sentier presque impraticable.

Pour comble de malheur, au début de notre étape, les guides, qui voulaient absolument, sans que nous ayons pu connaître leur but, nous conduire vers l'Est, nous font prendre une mauvaise direction. Nous avons heureusement nos boussoles, et nous revenons au point de départ : c'est du temps perdu.

Nous déjeunons au village de M'Bé; mais, arrivé en

Un pont de lianes.

ce point, le guide ne veut pas nous conduire plus loin, en prétextant que sa tribu est en guerre avec le village où nous voulons aller.

Nous partons donc sans guide, et il est vraiment miraculeux que nous ne nous perdions pas. Le sentier n'existe par sur la terre ferme, et nous marchons tout le temps dans l'eau des rivières et des marais, au milieu de lianes inextricables. Pour compléter la fête, nous subissons un nouvel orage au milieu de cette boue.

Depuis le 19 août, nous sommes dans la saison des

pluies. La chaleur est presque constante. Le thermomètre varie entre 22 et 28 degrés et ne dépasse guère ces limites. Le climat est donc uniforme, et, par suite, uniformément débilitant.

La saison des pluies est caractérisée par des orages d'une violence inouïe; la tension électrique qui résulte de ces orages, la chaleur moite de l'atmosphère et l'humidité extrême ont une influence pernicieuse sur les organismes européens. Il y a peu d'insolations, peu de dysenteries. Mais, en revanche, la fièvre règne en permanence : elle a probablement pour cause les miasmes des marais, qui sont remplis de matières végétales en décomposition, et qui sont encombrés de végétaux aquatiques interceptant la lumière du soleil.

Le pays est excessivement malsain; les larges plaines à demi submergées sont autant de centres d'infection, où s'élaborent sans cesse les effluves délétères si funestes aux blancs. Aussi portons-nous tous sur le visage les traces non équivoques des ravages qu'amène fatalement un séjour dans les pays paludéens.

16 septembre.

D'Ebom à Bingogo.

Le sentier est extrêmement glissant. Nous déjeunons à M'bé, et nous nous remettons en route. Nous subissons, vers 4 heures, un orage très violent.

Nous arrivons enfin au village de Bingogo, dont nous entendons parler depuis longtemps, et auquel nous ne trouvons rien d'extraordinaire. Il s'y produit cependant un incident, qui nous prouve que nous sommes toujours en pays hostile.

Le chef du village de M'bé, où nous nous sommes arrêtés pendant l'étape, a suivi la colonne jusqu'à Bingogo. Nous sommes arrivés à peine depuis quelques instants que, voyant passer le capitaine Nièves, il se met à crier qu'il veut tuer un blanc ; et, joignant le geste à la parole, il met notre collègue en joue. Des miliciens et des porteurs qui se trouvaient là, prompts comme l'éclair, se précipitent sur lui et l'amarrent, nous évitant ainsi une effroyable catastrophe.

Le commandant Vilches décide d'emmener le chef de M'bé comme prisonnier et de le garder quelques jours avec nous.

Je signale ce fait à l'attention de quelques membres de la Société protectrice des indigènes, qui pensent de bonne foi qu'il suffirait toujours d'un peu de douceur, de quelques règlements protecteurs élaborés tranquillement dans un fauteuil, les pieds sur les chenêts, pour transformer ces sauvages et en faire rapidement nos égaux. Même quand on est chargé d'une mission pacifique comme la nôtre, on ne peut pénétrer chez eux que le doigt sur la gâchette de son fusil : il faut se défendre contre eux comme on se défend contre les caïmans du fleuve ou les fauves de la forêt ; il faut souvent tuer pour ne pas être mangé. Sans se montrer injustement cruels pour ces malheureux, qui ne sont pas responsables et qui n'obéissent, comme la brute, qu'à leurs instincts féroces, il faut, avant tout, leur inspirer une salutaire terreur.

Je ferai remarquer aussi combien la répression exercée dans l'espèce est douce. Nous serions certes en droit, comme le font les Allemands dans le Cameroun pour punir des fautes plus légères et comme on l'a fait quelquefois dans nos propres colonies, de brûler le village de M'bé et même de faire payer par le sang l'affront qui vient de nous être fait par un indigène. Cette manière de faire, les actions de guerre qui s'ensuivraient, attireraient certainement sur nous bien mieux l'attention que notre clémence. Mais nous pensons que notre intérêt particulier doit toujours passer après celui de notre pays. Or, nous voulons montrer partout le pavillon français sous des couleurs de générosité, de bienveillance et d'humanité : c'est un rôle plus conforme à notre esprit national.

17 septembre.

De Bingogo à Niname.

Le fils du prisonnier, qui a été prévenu de l'incident de la veille, arrive avec un certain nombre d'habitants de M'bé, apportant un cabri et deux poules en cadeau, pour qu'on rende la liberté à son père. En présence de notre refus, ils décident de suivre la colonne. Bien que nous nous gardions de notre mieux, nous sommes ennuyés de voir à notre suite ce groupe d'hommes armés et certainement mal intentionnés. Nous ne pouvons cependant, à moins d'en arriver aux coups de fusil, leur défendre de suivre le même sentier que nous.

Ce dernier est excessivement glissant ; d'ailleurs, il se compose de tronçons très courts, et la plupart du temps nous cheminons dans une rivière ou dans des marais, avec de l'eau jusqu'à la ceinture.

En arrivant dans un village, nous apercevons à notre droite une montagne isolée au milieu de la plaine : c'est le mont N'sasse, un des témoins de l'ancienne configuration du terrain, avant l'affaissement général. Cette colline, de 300 à 400 mètres de hauteur au-dessus du niveau du plateau, est à peu près complètement déboisée ; elle n'est recouverte que d'une herbe courte, qui lui donne une vague ressemblance avec les pics élevés des Alpes.

Une reconnaissance faite l'après-midi au mont N'sasse permet de reconnaître que le sol y est formé de quartz et de porphyre. Le lieutenant Duboc y trouve un fragment de cristal de roche.

Je remarque que, depuis quelques jours, les indigènes ne nous saluent plus et ne se saluent pas entre eux. Le chef de Nianame, à qui nous demandons pourquoi il ne nous dit pas bonjour, répond qu'il ne sait pas ce que nous voulons dire.

Et, de fait, depuis notre départ, la forme du salut s'est modifiée progressivement.

Près de la côte, c'est la manière européenne : serrement de main ou salut militaire, accompagné du mot « bonjour ».

Puis, les Pahouins s'abordent en se serrant réciproquement l'avant-bras, et en disant « bolo ».

Enfin, ici, le salut n'existe plus.

18 septembre.

De Nianame à Otomo.

Nous recevons une petite pluie fine pendant toute la durée de la marche. Le sentier présente le même aspect que les jours précédents. Mais nous remarquons que les plantations deviennent plus vastes, bien que les villages soient plus éloignés les uns des autres, et même moins peuplés : la population semble se livrer davantage aux travaux de l'agriculture.

Le village d'Otomo, où nous nous arrêtons pour coucher, est en construction ; nous trouvons une belle et large rue tracée au cordeau, ou plus exactement à la liane : les limites de cette voie sont, en effet, indiquées par deux lianes parallèles bien tendues : c'est une artère bien droite et bien large que beaucoup de nos villages français envieraient.

Nous voyons des terrassements entrepris, et des ossatures de cases élevées.

Quoiqu'ils habitent des villages, on pourrait dire que les Pahouins sont nomades. Ils changent de place pour des causes quelquefois bien futiles, ainsi que je l'ai déjà expliqué : c'est tantôt un palabre avec un village voisin, tantôt la mort d'un chef, etc. Alors ils rassemblent tous leurs effets, recueillent la plus grande quantité possible de provisions, et émigrent en masse, se transportant quelquefois assez loin au prix de bien des fatigues.

Leurs superstitions sont du caractère le plus dégradant et le plus barbare. La croyance à la sorcellerie est générale chez eux et occasionne beaucoup de malheurs. Le temps des idoles, des bons et mauvais esprits, des

MM. Roche, Osorio, Duboc et Vilches sur les bords du Voleu. (Page 115.)

gris-gris, des fétiches et des enchantements ne paraît pas près de finir.

Nous ne pouvons savoir pourquoi le village Otomo est déplacé.

Les indigènes se servent, pour sa reconstruction, d'instruments de terrassement rudimentaires, et dont nous n'avions pas encore vu de spécimen. Tandis, en effet, que partout où nous sommes passés jusqu'ici les habitants n'emploient qu'un seul outil, la matchette plus ou moins transformée, ici nous apercevons une bêche, formée d'un morceau de fer attaché par des lianes à un manche en bois, puis un louchet entièrement en bois et ayant la forme du nôtre.

Les hommes et les femmes sont moins tatoués; mais ils portent toujours sur le visage certaines marques indicatrices de la tribu à laquelle ils appartiennent.

Presque toutes les cases ont ici un chien. Cet animal, toujours de la même espèce, ressemblant à un petit renard, est invariablement jaune et blanc, et il possède une spécialité qu'on n'est pas accoutumé à rencontrer chez les chiens de nos pays : il est complètement muet. Cela fait une heureuse compensation avec les cris de son maître, le Pahouin, qui parle toujours sur le ton le plus élevé, qui paraît toujours se disputer avec quelqu'un, et qui semble constamment au paroxysme de la colère. Je me souviens qu'un jour, dans un village où nous ne faisions que passer sans nous arrêter, je fus surpris et presque ahuri d'entendre les hurlements que poussait le vieux chef, lequel paraissait nous chercher dispute et vouloir nous exterminer. Intrigué, je demandai à l'interprète de me traduire ses paroles. Il disait, paraît-il, que l'on n'avait jamais vu de blanc dans le village, et qu'il priait l'un de nous de coucher dans la localité (probablement pour que les habitants pussent nous examiner à leur aise).

Je m'empresse d'ajouter que c'est la seule fois où l'on nous ait adressé une demande aussi aimable; le plus souvent, on nous ferait volontiers l'invitation contraire, et cela s'est même produit d'ailleurs.

Pour en revenir aux chiens, il paraît que cette race est répandue dans une grande partie de l'Afrique. Je me rappelle cependant avoir vu chez les Arabes des chiens extrêmement hargneux, méchants et bruyants.

19 septembre.

D'Otomo à un campement sur la rive droite du Voleu.

La journée d'aujourd'hui est surtout employée au franchissement du Voleu, fleuve important, qui constitue l'un des plus grands obstacles que le pays oppose à notre marche.

Le Voleu, ou San-Bénito ou Bénito, a été suivi l'année dernière depuis son embouchure jusque vers le 11e degré de longitude est, par MM. Lesieur et Forêt, les Pères Trilles et Tangui.

En quittant Otomo, nous parcourons quelques kilomètres, et nous arrivons rapidement sur les bords du fleuve, qui, en cet endroit, a environ 80 mètres de largeur avec un courant de 1m,50 à 2 mètres.

Les rives sont presque partout marécageuses et inaccessibles; nous ne trouvons qu'un seul endroit, près du village d'Anzom, où il soit possible de tenter l'opération du passage.

La mission Lesieur s'est arrêtée dans ce village et y a couché. Le chef d'Anzom, qui n'a probablement pas beaucoup la mémoire des physionomies, croit reconnaître en moi l'un des deux Pères et me fait mille protestations d'amitié. Je me prête à cette méprise, et alors il me rappelle toutes sortes d'événements dont je parais d'ailleurs me souvenir parfaitement. Enfin, en dernier lieu, il parle d'un cabri dont le Père lui aurait fait cadeau; j'espère que, ne voulant pas rester en retard, il va à son tour m'offrir un cabri ou quelques poules. Mais l'interprète n'a pas bien saisi le sens de ses paroles, et, après explications, nous comprenons qu'au contraire, c'est lui, le chef, qui aurait donné un cabri au Père. Je fais cesser alors cette méprise, en lui disant que j'ai voulu plaisanter : qu'il me regarde bien, et il reconnaîtra qu'il ne m'a jamais vu encore.

Mais nous n'avons pas de temps à perdre, et il nous faut réunir des moyens de passage. Il paraît que les habitants possèdent bien des pirogues; en apprenant notre arrivée, il les ont toutes cachées dans la brousse, et il ne nous est pas possible d'en voir une seule. Cependant, après avoir beaucoup discuté, promis un bon paiement aux propriétaires et une récompense au chef, nous finissons par voir venir quatre petites embarcations, généralement en mauvais état.

Nous commençons immédiatement le passage, ayant comme piroguiers soit les propriétaires des bateaux, soit des porteurs loangos sachant un peu pagayer. Une fraction de notre escorte passe la première, pour pouvoir, le cas échéant, protéger sur la rive d'arrivée, les porteurs qui viennent ensuite avec leurs charges. L'opération se poursuit et se termine sans incident et sans accident.

Notre prisonnier, le chef du village de M'bé, franchit le fleuve avec nous; il ne sera vraisemblablement rendu à la liberté que demain.

A environ 500 mètres de la rive droite du Voleu, à laquelle nous avons accosté, se trouve l'emplacement d'un ancien village; les plantations de bananiers existent encore, et la brousse n'a pas complètement envahi le terrain. C'est une place merveilleuse pour camper. Nous nous y installons donc pour passer la nuit.

Je me dispose à faire des observations astronomiques; mais mes opérations sont interrompues brusquement par une tornade qui arrive avec une rapidité et une violence extraordinaires.

20 septembre.

D'un campement sur la rive droite du Voleu à Ovan.

Nous faisons aujourd'hui une forte étape, et cela par une chaleur étouffante.

C'est toujours le même sentier monotone, dans la brousse épaisse; cependant les dénivellations sont un peu moins accentuées que les jours précédents.

Nous rencontrons et devons traverser plusieurs affluents importants du Voleu, en particulier la rivière M'bis. Elle est trop profonde pour pouvoir être franchie à gué. Etant donné, d'autre part, qu'il n'y a pas de pirogue sur ses bords, nous sommes obligés d'utiliser

Passage d'une rivière sur un barrage de pêche.

comme pont un barrage imaginé et construit par les indigènes pour la pêche.

Dès que ceux-ci nous voient nous approcher, ils détruisent rapidement un pont construit en troncs d'arbres et lianes qui existait sur la rivière, et, postés sur la rive opposée à la nôtre, ils nous mettent en joue. Le commandant Vilches et le lieutenant Duboc, qui sont en tête, leur font connaître, par l'interprète, qui nous sommes et où nous allons.

Ils finissent par abattre leurs armes, et nous commençons à passer sur le dispositif de pêche. Nous pouvons alors nous rendre compte que ce dernier est très ingénieux et très compliqué : il est fait de telle façon que tous les poissons, qu'ils remontent ou descendent le courant, sont pris, et cela quelle que soit la hauteur de l'eau dans la rivière.

Sa description m'entraînerait trop loin. Qu'il me suffise de dire que la partie de ce dispositif que nous avons utilisée comme pont se compose d'un très grand nombre de pieux verticaux presque jointifs, de longueurs très inégales, et réunis par une ou deux traverses horizontales. C'est sur celles-ci qu'il faut passer en se collant aux montants qui les dépassent, et qui sont d'ailleurs d'une solidité très précaire : ce sont des chemins bons tout au plus pour des singes. Le passage est très pénible, très dangereux et très long.

Quoi qu'il en soit, nous nous rendons compte que la construction d'un tel dispositif représente un travail considérable, et nous en concluons que les Pahouins de cette contrée sont plus laborieux que ceux des régions visitées jusqu'ici.

J'ai déjà d'ailleurs fait la même remarque pour ce qui concerne l'agriculture.

Nous rencontrons, depuis deux jours, de nouveau dans la brousse, poussant naturellement, des palmiers à huile; nous n'en avions plus vu depuis le voisinage de la côte.

Un arbre aussi attire notre attention par l'odeur caractéristique qu'il dégage, et qui est celle de l'acide sulfhydrique.

Nous remarquons enfin que, si les indigènes sont tout aussi sales dans leurs cases que sur leurs personnes, ils ont des endroits retirés communs très bien tenus, les uns pour les hommes, les autres pour les femmes : ils consistent en fosses assez grandes recouvertes d'un plancher de gros rondins, dans lequel une ouverture est ménagée. Je m'arrête sur ce détail, bien qu'il soit fort peu intéressant, parce que cet exemple et d'autres encore, comme celui du dispositif de pêche cité ci-dessus, me paraissent prouver que, si isolément les Pahouins ne font pas grand'chose, ils peuvent produire de bons ouvrages lorsqu'ils travaillent en commun et qu'ils sont dirigés : c'est un point à retenir pour l'étude de la colonisation de ce pays.

Une dernière remarque. J'observe, depuis notre départ, combien varie chez les Pahouins la manière de dire *oui*.

Près de la côte, c'est notre *oui;* puis un *a* prolongé; puis un son nasal produit avec la bouche fermée; puis enfin un simple mouvement vertical de la tête. Maintenant les indigènes disent *ia*. Serait-ce parce que nous approchons du Cameroun allemand?

21 septembre.

D'Ovan à Mobok.

Le sentier est assez bon dans la première partie de l'étape, mais il se dirige presque exactement vers l'Est; il devient ensuite mauvais, et sa direction est Est-Ouest. Il est donc probable que nous aurons beaucoup marché aujourd'hui sans avancer sensiblement vers le Nord.

Le peu de commerce de cette contrée se faisant avec la côte, il s'ensuit que tous les sentiers sont dirigés de l'Ouest vers l'Est, et que ceux allant du Sud au Nord sont extrêmement rares. Cela explique pourquoi, dans la première partie de nos opérations, c'est-à-dire tant que nous avons voulu suivre le 1er degré de latitude Nord, nous avons pu cheminer toujours à très faible distance de ce parallèle-frontière; par contre, il nous est très difficile maintenant de marcher vers le Nord sans nous éloigner sensiblement du 9e méridien, et nous parcourons quelquefois 25 kilomètres dans la journée sur des sentiers obliques à la direction Sud-Nord pour avancer seulement de 1 à 2 kilomètres dans cette direction.

Nous voyons dans la brousse d'assez nombreux bongos : c'est l'arbre à étoffe (urostigma Vogelii), découvert par Vogel, et dont j'ai déjà parlé. Son écorce, préparée convenablement, donne une étoffe dont les Pahouins se servent à défaut de pagnes : or, c'est ce qui se produit souvent ici, où, à cause de l'éloignement de la côte, les étoffes européennes arrivent difficilement et, en tout cas, sont toujours très chères.

Nous parcourons une partie de la forêt qui est entièrement couverte de fougères arborescentes atteignant 12 à 15 mètres de hauteur. C'est splendide.

22 septembre.

De Mobok à Akoniké.

Nous faisons aujourd'hui une marche vers l'Ouest, pour nous rapprocher du 9e degré de longitude est, dont les sentiers suivis ces jours derniers nous ont écartés.

Au moment du départ, l'un de nos porteurs nous rend compte qu'on lui a volé, dans sa charge, un paquet de boîtes de conserves. Conformément à notre méthode, nous rendons responsable le chef de Mobok, et nous lui confisquons son fusil jusqu'à ce que l'objet du larcin nous soit rendu. Le paquet est alors rapidement retrouvé dans le panier d'une femme; mais cela ne nous suffit pas, il nous faut une punition. La femme est donc emmenée prisonnière jusqu'à ce qu'elle désigne le voleur. Elle le fait bientôt, et alors c'est celui-ci qui est amarré, en attendant que, à titre d'amende, il nous ait fait donner deux poulets.

Nous sommes ainsi obligés d'être excessivement sévères, même pour les vols d'une importance secondaire. Si, en effet, nous agissions autrement, nos marchandises et nos approvisionnements de toutes sortes auraient vite disparu. La répression du moindre délit a surtout pour but de faire connaître partout que nous n'entendons pas nous laisser faire. Or, dans ce pays, comme dans toute l'Afrique d'ailleurs, la réputation s'étend vite au loin, et nous sommes sûrs d'être précédés d'un renom de sévérité et de justice, qui contribue, autant que nos armes, à nous faire craindre.

Dès l'arrivée à Akoniké, et pendant que nous nous installons, une mère vient m'offrir sa fille. Je lui désigne le lieutenant Duboc, qui est près de moi, et qui aussitôt va lui donner un superbe pagne.

Le capitaine Nièves et moi, nous faisons des observations du soleil. L'état constamment nébuleux du ciel pendant la nuit ne nous permet pas, en effet, d'opérer sur les étoiles, pas même sur Vénus.

23 septembre.

D'Akoniké à N'selang.

Pendant la marche, nous apercevons deux chaînes de montagnes assez élevées.

L'une, qui paraît dirigée du Nord-Ouest au Sud-Est, est à une distance de 15 à 20 kilomètres du point où nous sommes. Ce sont les monts Koun, qui présentent absolument le même aspect que les monts Soumbo et N'sasse.

L'autre chaîne, très éloignée (peut-être à 80 ou 100 kilomètres), fait probablement partie des monts du Cameroun.

A N'selang, je puis acheter à un Pahouin du musc de civette. Cet animal n'est pas rare dans la région, et nous voyons souvent les indigènes porter, pour couvrir leur boîte à poudre, une peau de civette parmi des peaux de singe.

Les Pahouins n'apprécient pas le musc comme parfum; mais ils en font, paraît-il, une sorte de pommade qui est un fétiche dont le propriétaire devient un véritable don Juan.

Lorsqu'ils voyagent la nuit, ce qui n'a lieu que dans les environs immédiats de leur village, les indigènes éclairent leur route au moyen de branches de palmier-bambou, qui brûlent peu à peu en produisant une belle flamme comme des torches résineuses.

24 septembre.

De N'selang à Man'a.

Il pleut pendant toute la durée de l'étape.

D'autre part, nous marchons presque tout le temps dans des rivières ou dans des marais.

Mouillés à la fois par les eaux célestes et par les eaux terrestres, nous sommes bientôt trempés jusqu'aux os.

La traversée des marais est particulièrement pénible : ils sont remplis d'une vase molle où nous nous enfonçons profondément, et nous y respirons des odeurs fétides qui proviennent de matières végétales ou d'animaux morts en décomposition.

On prétend que c'est en traversant les marécages qu'on prend ce qu'on appelle le ver de Guinée. D'autres affirment qu'on l'absorbe avec les eaux de boisson. Quelle que soit son origine, il manifeste un beau jour sa présence en une partie quelconque du corps, par exemple sur une jambe, par l'apparition d'une petite ampoule dont la formation est accompagnée de démangeaisons. On aperçoit en même temps, sur cette ampoule, un point noir, qui ne tarde pas à devenir un petit fil : c'est le ver. On enroule cette extrémité sur un petit morceau de bois, une allumette par exemple, qu'on laisse à demeure contre la jambe. Chaque jour, une fraction du ver sort de son nid, et on l'enroule autour du petit treuil, jusqu'à ce que l'écheveau soit complètement dévidé. On arrive à avoir ainsi un mince câble d'une très grande longueur. Et c'est curieux de voir les nègres avec leurs petites bobines de fil collées ainsi à leurs jambes nues.

Un autre agrément de ce pays, c'est le croco. On désigne sous ce nom une plaie qui se produit en général aux jambes, qui occasionne des démangeaisons insupportables, et qu'il est très difficile de guérir.

25 septembre.

De Man'a à N'foulayon.

La *Connaissance des temps pour 1901*, de même que l'*Almanach nautique* de San Fernando, dont se servent nos collègues espagnols, annonçait pour hier soir une immersion du 1er satellite de Jupiter. Nous avions décidé d'observer ce phénomène, afin de vérifier l'état absolu de nos chronomètres. Mais l'opération qui s'annonçait dans de bonnes conditions au commencement de la nuit, puisque nous avions exceptionnellement une éclaircie, a été malheureusement interrompue par l'interposition d'un nuage entre la lunette et les astres observés.

Nous faisons aujourd'hui une bonne marche dans la direction Nord-Ouest, et nous arrivons vers 5 heures à N'foulayon. Nous apercevons tout près de ce village les monts Dzara, que nous avons déjà vus il y a deux jours, et qu'on nous a désignés alors sous le nom de monts Koun.

Pendant que nous marchons au milieu d'une forêt épaisse, un indigène, posté dans le bois à proximité du sentier, me met en joue; mais, se voyant découvert, il s'enfuit dans la brousse et disparaît rapidement. C'est bien là, paraît-il, la guerre d'embuscade en usage dans ce pays.

J'aperçois, à N'foulayon, un Pahouin portant, attachée à la ceinture, une sonnette, qui tinte lorsqu'il marche, et dont il a l'air très fier.

Le chef de Man'a nous a accompagnés pendant toute l'étape. Je l'ai interrogé, en route, sur les croyances et coutumes de cette contrée. Il m'a confirmé les renseignements que je connaissais déjà, et desquels il résulte que les indigènes n'ont pas, à ce sujet, des idées bien arrêtées.

Aussi suis-je persuadé que le fétichisme sera forcément remplacé un jour ou l'autre par une religion : à mon avis, il importe que celle-ci ne soit pas l'islam.

A ce point de vue, l'occupation du Chari nous intéresse beaucoup, car elle a pour effet de limiter l'expansion musulmane en pays fétichistes. On sait comment cette expansion se produit. Pacifiquement d'abord par les traitants qui vont commercer dans les régions païennes. Leurs besoins moins étendus et leurs frais généraux moins élevés font d'eux d'invincibles concurrents des Européens. Une fois admis en pays fétichiste, le commerçant musulman y fait tache d'huile et ne tarde pas à être suivi de bandes de pillards qui razzient le pays, volent tout, tuent les noirs et emmènent en esclavage les femmes et les enfants.

C'est un tel état de choses que l'occupation militaire du Chari rendra impossible dans le Congo, et en particulier dans la région où nous sommes.

26 septembre.

De N'foulayon à Adzibamat.

Journée très chaude. Le temps est orageux toute la journée, sans que la pluie arrive : le tonnerre se fait entendre constamment.

Nous traversons une région montagneuse et effectuons en conséquence de nombreuses ascensions et descentes.

Plusieurs fois nous rencontrons l'importante rivière Bimvileu, affluent du Voleu, qu'il faut franchir sur quelques troncs d'arbres très glissants, la profondeur étant trop grande pour que le passage puisse être effectué à gué. Il n'y a pas de main-courante en liane, et une fois je manque tomber.

Il se produit, près d'un village traversé au cours de la marche, un incident assez drôle. Le boy d'un de nos collègues espagnols aperçoit dans la forêt un cochon sauvage et le tue. Mais il avait fait comme Tartarin, prenant un âne pour un lion; car l'animal était simplement un cochon domestique, que son propriétaire laissait paître en liberté dans la brousse aux environs du village. Réclamations dudit propriétaire; on paie, et tout s'arrange.

27 septembre.

D'Adzibamat à Ebianmayon.

Nous avons à traverser plusieurs fois encore le Bimvileu. Le passage en est toujours très difficile et doit être effectué généralement sur de mauvais troncs d'arbres qui servent de ponts aux Pahouins : la rivière est, en effet, trop profonde pour être franchie à gué. D'ailleurs, tout en restant sur ces troncs d'arbres, comme ceux-ci se trouvent souvent submergés par suite de la crue, on a encore de l'eau jusqu'aux aisselles. L'eau est très froide et produit une sensation d'autant plus désagréable qu'on a très chaud au moment où l'on y pénètre. En définitive, nous passons notre journée à prendre des bains successifs, nos vêtements complètement trempés n'ont pas le temps de sécher sur nous entre deux plongées consécutives.

Nos hommes ont, dans ces passages, une supériorité incontestable sur nous; car leurs pieds nus peuvent s'appliquer mieux au corps d'arbre, tandis que nos chaussures ferrées glissent facilement sur ces supports polis par la force du courant.

Je ne tombe jamais, mais plusieurs fois je sens des oscillations de l'arbre qui me mettent bien près d'un bain complet et forcé. Ces ponts extrêmement primitifs sont d'ailleurs souvent dépourvus de garde-fou en lianes, et il faut se livrer à des efforts inouïs pour s'y maintenir en équilibre.

De temps à autre, d'ailleurs, le plaisir varie, car nous traversons des marais, nous enfonçant dans la boue jusqu'à la ceinture.

Des éléphants sont signalés dans les environs; nous apercevons des traces de ces animaux, mais c'est tout ce que nous voyons.

Le caoutchouc devient très rare, et bien moins commun en tout cas que dans la première partie de notre voyage, effectuée le long du 1er degré de latitude nord. C'est probablement pour ce motif que nous constatons l'importance plus grande que les indigènes donnent ici à l'agriculture, à la pêche et à la chasse. Ne trouvant, en effet, aucune ressource dans les produits naturels du sol, ils en cherchent ailleurs. Leurs plantations sont plus vastes et mieux soignées; les rivières et la forêt contiennent plus de pièges pour le poisson et pour le gibier.

Nous remarquons aussi quelques essais d'industrie : fabrication de cuillers en bois on en écorce de courges, petits sacs en cuir, etc.

On comprend, en somme, que les habitants, qui sont loin de la côte, d'où à peu près rien ne leur parvient, s'ingénient à trouver dans le pays tout ce qui leur est nécessaire.

C'est ainsi qu'ils fabriquent, avec le sol argileux, leurs pipes et quelques poteries grossières, qu'ils font cuire au soleil.

Leur forge, unique pour un village, se place toujours

dans la case des palabres. Ils ont un soufflet très primitif, et qui se compose d'un cylindre irrégulier en bois creux fermé par une peau bien ajustée. L'homme chargé du soufflet fait jouer cette peau de bas en haut avec la main; l'air est chassé ainsi dans un tuyau en bois qui fait partie du même bloc que le cylindre et qui aboutit à une certaine distance du feu.

L'enclume est une grosse pierre très dure qui est au milieu de la case, et qui paraît également servir de pierre à aiguiser.

Les légers dessins, souvent entre-croisés avec grâce, qui ornent la surface de leurs couteaux, témoignent d'une grande justesse de coup d'œil et d'un vrai sentiment artistique.

L'eau est portée ou conservée dans des gourdes, qu'ils ornent aussi quelquefois de dessins.

28 septembre.

D'Ebianmayon à Makonanam.

Nous avons à passer la Bia, affluent important du Bimvileu; cette opération est encore plus difficile et plus pénible que celle de la veille. Les arbres servant de ponts sont extrêmement glissants. L'un d'eux se casse pendant le passage, et plusieurs de nos porteurs tombent à l'eau avec leurs charges : il est vraiment miraculeux qu'aucun homme ne se noie et que nous puissions retirer toutes les charges.

Par suite de la crue, ces arbres sont recouverts d'une certaine hauteur d'eau : nous sommes, en effet, mouillés jusqu'à la ceinture.

Il nous faut ensuite traverser des marais, où il y a plus d'un mètre d'eau.

En somme, nous passons notre journée dans l'eau (et sous l'eau, car l'orage dure tout le temps de la marche) : nous n'arrivons à faire en tout que trois kilomètres.

La série ininterrompue des orages que nous subissons et leur soudaineté exaspèrent le boy que nous avons chargé du blanchissage de notre linge, et que les Loangos appellent le lavadère. Dès que nous arrivons au gîte d'étape, si par exception il ne pleut pas, ce boy s'empresse de déballer le linge mouillé qui a été lavé dans un des derniers gîtes. Mais, neuf fois sur dix, il arrive que cette opération d'étendage est à peine ache-

Passage du Bimvileu sur un tronc d'arbre submergé. (Page 126.)

vée que, instantanément et sans aucun signe précurseur, un orage éclate. Notre pauvre lavadère se précipite, enlève prestement le linge et le remet dans son sac. Si une éclaircie se produit, il tente encore l'opération, mais hélas! elle ne réussit pas davantage; cela recommence ainsi trois ou quatre fois. Malheureux lavadère! Il y a bien quinze jours qu'il essaie ainsi de faire sécher un sac de linge.

29 septembre.

De Makonanam à Bounmanam.

Nous recevons encore la pluie pendant presque toute la durée de la marche.

Exception faite pour le passage d'un important cours d'eau, l'étape n'est pas trop dure. Nous nous arrêtons d'ailleurs un peu tôt pour pouvoir faire une observation astronomique.

Nous apercevons, le long du sentier, de nombreux trous de chasse; ces pièges pour toutes sortes d'animaux sont placés en des points de passage obligés pour le gibier; leurs dimensions varient, mais généralement ces pièges consistent simplement en trous de 2 mètres de longueur, $0^{m},50$ de largeur et 2 mètres de profondeur.

Leurs parois, comme les berges des rivières, montrent que la couche d'argile rouge ferrugineuse sur laquelle repose l'humus est très épaisse.

A Bounmanam, je profite d'un moment de liberté pour aller tirer quelques oiseaux. Les indigènes chassant peu, et en tout cas n'usant pas leur poudre pour tuer des oiseaux, ceux-ci ne sont nullement effrayés par les coups de fusil qu'ils entendent et dont ils ne connaissent pas les effets.

Aussi, quand nous en tirons un et que nous le manquons, il ne s'en va pas. Je me souviens que, dans une reconnaissance faite avec le lieutenant Duboc, nous avons tiré chacun successivement nos deux coups sur un oiseau de la grosseur d'un de nos grands-ducs d'Europe; soit qu'il fût trop haut perché, soit que notre plomb fût trop petit (je ne veux pas croire que ce soit par maladresse), il n'est pas tombé, mais il a entendu nos quatre détonations sans broncher.

Par contre, si un groupe d'oiseaux se trouve sur un arbre et que nous abattions l'un d'eux, les survivants, en le voyant tomber, se font certainement un rapide raisonnement qui les conduit à s'envoler : et c'est ce qu'ils font prestement.

30 septembre.

De Bounmanam à Eleban'a.

Nous avons encore aujourd'hui à effectuer un passage de rivière et à traverser de nombreux marais. Cependant, d'une manière générale, le sentier devient meilleur. Nous sommes dans une région de collines.

Nous voyons un peu plus de caoutchouc, surtout des lianes.

Dans les collines, le rocher émerge souvent de l'argile. C'est du grès, qui se décompose d'ailleurs facilement.

Il y a aujourd'hui trois mois et demi que nous avons quitté la France, et nous n'avons pas encore reçu une seule lettre.

Qu'est-il arrivé aux courriers qu'on nous a certainement envoyés ? Les porteurs de notre correspondance n'ont-ils pu retrouver nos traces ? Ont-ils été trompés par les Pahouins ? Ont-ils été attaqués par eux ?

Que d'hypothèses, tant sur ces diverses alternatives que sur la santé des nôtres ! Dans la journée encore, nous sommes distraits par nos occupations de toutes sortes; mais le soir, quand, rentrés dans notre tente, nous pensons à notre famille, à nos amis, que de tristesse provoque en nous l'éloignement de ceux qui nous sont chers, que d'anxiété nous cause l'absence de leurs nouvelles !

1er octobre.

D'Eleban'a à Mibang-Minguil.

Même genre de sentier que la veille. Nous recevons la pluie toute la journée.

La veille, à Eleban'a, nous avons vu un traitant noir, qui achète le caoutchouc de la région et va le vendre à Bata, d'où il rapporte des marchandises. Il paraît opérer pour son compte, et non comme agent d'une maison européenne établie sur la côte.

Ici, loin de la mer, les vêtements sont extrêmement simples : ils se composent toujours d'un morceau d'étoffe attaché à la ceinture, et dont les dimensions sont très

Groupe de femmes pahouines.

réduites; je me hâte de dire que jamais cependant ces dimensions ne se réduisent à zéro, sauf pour les petits enfants.

Les Pahouins, hommes et femmes, portent encore, aux bras et aux jambes, des bracelets formés par du fil de laiton enroulé sur plusieurs tours; autour du cou, ils ont, mais en moins grand nombre que dans le voisinage de la côte, des colliers de perles, auxquels sont joints les gris-gris les plus inattendus, sonnettes, grelots, cadenas, etc. Le nez, toujours percé, laisse passer un collier de perles qui va reposer aussi sur les oreilles; à défaut de perles, l'ouverture percée dans la membrane nasale reçoit un simple morceau de bois ou tout autre objet échoué ici on ne sait comment, sonnette, S de suspension, etc.

Les indigènes ne se contentent pas de leur laideur naturelle; ils se font sur le front de petites incisions, dans lesquelles ils introduisent le suc de je ne sais quelle plante qui a pour effet de faire pousser la chair en saillie. Si bien qu'ils ont des sortes de crètes de dindon qui ont quelquefois jusqu'à deux centimètres de relief.

Ils se font encore des tatouages très compliqués sur tout le corps, mais particulièrement sur les tempes, la poitrine et le dos.

2 octobre.

De Mibang-Minguil à N'terenga.

Nous traversons plusieurs rivières, qui, à ce que disent les indigènes, seraient encore des affluents du Voleu. Ce renseignement nous surprend beaucoup, étant donné que, d'après ce qu'on nous affirme d'autre part, le N'tem ne serait qu'à une journée de marche vers l'Est. Mais nous nous défions beaucoup des indications que nous donnent les Pahouins, lesquels ne semblent avoir pour but que de nous égarer.

A notre approche, les habitants des villages que nous traversons envoient dans la brousse, en des endroits où nous ne saurions les rejoindre, leurs femmes, enfants, cabris, poules et provisions de toutes espèces; de sorte que ces localités ont l'air d'avoir été abandonnées depuis longtemps et présentent un aspect absolument désolé.

En somme, on a fait le vide devant nous, espérant peut-être nous réduire par la faim.

Les deux ou trois indigènes que nous voyons, ne nous

vendent que quelques bananes, et il nous est très difficile de nous procurer les vivres nécessaires à nos 300 hommes.

C'est qu'il faut avoir été chez ces tribus pour savoir quel triste échantillon de l'humanité est le Pahouin, en général, et le chef pahouin en particulier. L'histoire ancienne nous apprend qu'Orphée a pu civiliser les sauvages de je ne sais quel pays en leur faisant de la musique. Le Pahouin est, paraît-il, assez accessible à ce genre de séduction; et l'on cite des explorateurs qui, par le son d'un orgue de Barbarie, ont pu quelquefois les adoucir singulièrement. Mais ils ne leur parlaient jamais qu'ayant derrière eux quelques douzaines d'hommes armés et en leur laissant entendre que, s'ils ne donnaient pas de bonne grâce les vivres qu'on leur demandait, les explorateurs se feraient un plaisir et un devoir de mettre le feu à leurs villages et d'exécuter quelques feux de salve sur les habitants. Or, ces arguments, que comprennent les Pahouins, nous ne pouvons les employer, notre mission devant être essentiellement pacifique.

3 octobre.

De N'terenga à N'samezok.

Nous franchissons de nombreux marais. Orage vers 2 heures.

Nous arrivons aujourd'hui à un affluent du N'tem, et cela sans avoir constaté, entre le bassin de ce fleuve et celui du Voleu, l'existence de la moindre colline : en cette région, les deux bassins sont simplement séparés par des marais.

Comme la veille, tous les villages que nous traversons et celui où nous couchons sont abandonnés.

Nous interrogeons sur les motifs de ce départ les très rares indigènes que nous rencontrons : ils répondent qu'ils nous croient possesseurs d'un fétiche, qui a le pouvoir de faire mourir instantanément toute femme qui a vu un blanc.

Mais saura-t-on jamais si c'est là véritablement leur conviction, ou s'ils ont inventé ce prétexte pour justifier le vide qu'ils font devant nous?

Les Pahouins que nous voyons ont généralement la tête couverte, soit par un bonnet rouge d'origine européenne (vendu sans doute par quelque agent de maison allemande), soit par un casque formé de cauries et de leurs cheveux tressés : une housse protège ce casque contre la poussière.

Ils n'ont plus de lourds colliers en cuivre massif comme les indigènes de la côte, mais de simples petits bracelets constitués par un seul tour de fil de laiton.

Ceux enfin qui ne portent pas de coiffure ont la tête véritablement hérissée de tresses en cheveux.

4 octobre.

De N'samezok à N'zomeyong.

Les villages deviennent de plus en plus nombreux à mesure que nous nous rapprochons du N'tem; mais ils sont tous déserts, comme ceux traversés les jours précédents.

Leur importance est aussi plus grande, et la construction des cases mieux soignée. Certaines d'entre elles portent même, sur leurs façades, des ornements, très simples et très rustiques, il est vrai, mais qui sont des indices d'une peinture naissante : ce sont généralement de petits ronds blancs tracés sur fonds rouges.

De même, nous observons des traces d'une sculpture rudimentaire, qui se compose surtout de sujets érotiques grossièrement taillés dans les piliers en bois des cases des palabres; les mêmes sujets sont gravés sur des bâtons.

Ces premiers essais artistiques, quelque primitifs qu'ils soient, n'en sont pas moins intéressants à noter.

Mais nous arrivons sur les bords du N'tem, et je suis profondément impressionné par la beauté du spectacle qui se présente à nos yeux.

Nous avons là, devant nous, un fleuve immense, d'au moins 800 mètres de largeur, roulant à une grande vitesse une masse d'eau considérable. Comment croire que l'existence de cet imposant cours d'eau n'est à peine soupçonnée en Europe que depuis quelques années, et que les voyageurs ne sont pas d'accord sur la région d'où il vient, ni même sur le point où il va se jeter à la mer! Notre itinéraire ne nous permet pas de rechercher les sources du N'tem, mais nous essaierons de trancher le problème de son embouchure.

Pour le moment, d'ailleurs, il s'agit de le franchir. C'est une opération longue et difficile, qui exigera sûrement plusieurs jours, étant donné surtout qu'il n'y a sur les rives aucune embarcation.

Il faut donc commencer par construire des radeaux ; je suis chargé de ce travail. Des équipes de porteurs munis de matchettes sont aussitôt envoyées dans la brousse avec mission d'abattre des combos-combos, arbres très légers, qu'ils dépouillent sur place de leurs branches, et dont ils apportent ensuite les troncs en un point désigné sur le bord du fleuve. En même temps, une brigade spéciale coupe des lianes flexibles et me les apporte.

C'est avec ces matériaux qu'un groupe de miliciens construit les radeaux. Ils sont absolument inexpérimentés dans ce travail, et je suis obligé de diriger de très près l'opération, de manière que les radeaux soient à la fois solides et faciles à manœuvrer pour des pagayeurs peu habiles : les quelques Loangos qui savent pagayer, ne sont, en effet, habitués qu'à conduire des pirogues sur la mer, ce qui est autrement aisé que de diriger de lourds radeaux dans un courant violent.

Voilà pourquoi je suis obligé de surveiller fort attentivement la construction, et de mettre presque la main à la pâte : je ne dois pas oublier qu'il y va de l'existence de tant d'hommes, et que, en cas d'accident, les caïmans ne les épargneraient pas, dans le cas où le courant ne les aurait pas noyés; je sais aussi qu'il y va de la

Passage du N'tem sur des radeaux (800 mètres de largeur).

sûreté de notre matériel, dont la perte aurait une influence désastreuse sur le succès de notre mission.

On fabrique quelques pagaies en fixant de gros morceaux d'écorce à l'extrémité de branches d'arbre; puis, au fur et à mesure qu'un radeau est achevé, on le charge d'hommes et de colis, et il commence à faire le va-et-vient entre les deux rives. Il faut une heure et demie pour l'aller et le retour. Dans ces conditions, trois jours au moins seront nécessaires pour effectuer le passage.

5 octobre.

Séjour à N'zomeyong.

Le matin, il tombe une pluie torrentielle, qui interrompt le passage commencé hier. Elle cesse heureusement vers dix heures, et l'opération est aussitôt reprise.

L'ordre dans lequel elle s'effectue est celui que nous avons adopté pour le franchissement du Voleu, et que j'ai indiqué à ce moment : c'est-à-dire tout d'abord un groupe de miliciens armés pour protéger le débarquement des porteurs et de leurs charges; de temps en temps, quelques autres miliciens, et en dernier lieu le restant de notre escorte.

Le lieutenant Duboc est parti hier pour surveiller le débarquement et l'installation sur la rive droite, dans un village qui, comme celui d'où nous partons, porte le nom de N'zomeyong.

D'ailleurs, il nous arrive fréquemment de traverser plusieurs villages situés à quelques centaines de mètres les uns des autres, et qui sont appelés du même nom (généralement le nom d'un chef).

C'est ce qui a lieu ici, où le nom de N'zomeyong s'applique également à une localité de la rive droite du N'tem, à une autre de la rive gauche (là où nous sommes installés) et à quatre ou cinq agglomérations voisines de celle-ci.

Dans l'une de ces dernières, nous voyons un traitant noir qui, comme celui rencontré récemment, apporte ici des marchandises de Bata et rapporte à ce port le caoutchouc qu'il a pu se procurer dans l'intérieur. Comme le premier, il n'est l'agent d'aucune compagnie européenne, et travaille pour son compte.

6 octobre.

De N'zomeyong (rive gauche) à N'zomeyong (rive droite).

Nous continuons le franchissement du N'tem; et, pour en hâter l'exécution, on construit de nouveaux radeaux. Enfin, nous mêmes, Européens, nous passons, et toute la colonne se trouve réunie à N'zomeyong (rive droite).

Ce village a été abandonné avant notre arrivée, toute la population ayant fait le vide devant nous. Les quelques hommes que nous apercevons sont peu tatoués. Ils fument tous dans des pipes de leur fabrication; aucun ne prise ni ne chique : ces plaisirs paraissent inconnus ici.

7 octobre.

De N'zomeyong (rive droite) à Biliqui.

Marche sur la rive droite du N'tem.

8 octobre.

De Biliqui à Anguidedzan.

Nous rencontrons et devons franchir le M'vila, affluent de droite du N'tem, rivière importante, que sa grande profondeur nous empêche de passer à gué.

Comme la largeur le permet, je fais établir une traille de façon à augmenter la vitesse du passage.

J'utilise, à cet effet, une corde que nous avons apportée de France, et que je fais tendre entre les deux rives. Les deux pirogues que nous avons pu trouver et les quelques radeaux que je fais construire traversent donc la rivière par ce moyen, c'est-à-dire en se halant sur le câble.

La longueur de corde dont je dispose n'est pas suffisante pour qu'on puisse établir deux trailles, une pour l'aller et une pour le retour; aussi, les embarcations, une fois chargées, passent-elles successivement à la suite l'une de l'autre, sont déchargées sur la rive de débarquement, et reviennent-elles ensuite toutes à vide; et ainsi de suite.

Cette méthode donne d'excellents résultats, le passage s'effectue très rapidement.

Pour mon compte, je passe de cette façon, mais sur une mauvaise pirogue, fendue dans sa longueur; elle se remplit peu à peu d'eau, et, au moment où j'accoste à la rive de débarquement, je me trouve dans une véritable baignoire, où je plonge jusqu'au-dessus de la ceinture. Heureusement mon théodolite, que je prends toujours avec moi dans les passages difficiles, et que je tiens au-dessus de l'eau, n'est pas mouillé.

Une fois l'opération du passage terminée, nous reprenons notre marche en avant. Nous apercevons sur notre droite les ruines d'un village qui paraît avoir été incendié tout récemment. Un indigène, interrogé, raconte que cette localité a été brûlée par ordre d'un officier allemand, venu dernièrement dans cette région, et qui, ayant été trompé par son guide, l'a puni de cette façon.

D'après cette information, nous sommes sur un territoire que les Allemands considèrent comme leur appartenant. Afin de savoir où nous nous trouvons exactement, nous faisons, en arrivant à Anguidedzan, des observations astronomiques : les calculs nous apprennent que ce village est à une latitude de 2° 10' 27".

Notre mission a pour but d'effectuer la délimitation de la frontière franco-espagnole, qui s'arrête à la limite sud du Cameroun; or, cette dernière limite est constituée, en cette région, par un parallèle dont nous ne connaissons pas la latitude, et qu'une commission franco-allemande, opérant en ce moment aux chûtes de Campo, a précisément pour but de déterminer. Comme nous ne pouvons évidemment suspendre nos propres opérations jusqu'à ce que cette commission ait terminé ses travaux, nous devons nous en tenir aux indications des cartes existantes. La latitude portée sur celles-ci pour la frontière sud du Cameroun varie, suivant les cartes, de 2° 8' à 2° 14'. Nous décidons, en conséquence, de nous avancer vers le Nord jusqu'à ce dernier parallèle.

On nous raconte, à Anguidedzan, l'histoire d'un Pahouin appelé le « Commandant », nom que les indigènes donnent toujours aux blancs chefs de mission. Cet individu, après avoir recruté une troupe de 250 hommes, aurait répandu la terreur dans le pays, puis aurait marché sur Campo, mais aurait été arrêté en route.

De quoi s'agit-il au juste? Nous n'en savons rien. Mais, si le fait est exact, il me confirme dans l'opinion que je me suis formée depuis que je voyage dans ce pays : je suis persuadé que, étant donnés la pauvreté et les instincts belliqueux et pillards des Pahouins, le jour où l'un d'entre eux un peu intelligent lèvera contre nous l'étendard de la révolte, il sera suivi de milliers de volontaires qui, surtout s'ils étaient poussés par le fanatisme d'une religion nouvelle telle que l'islam, nous créeraient les plus grands embarras : il ne faut pas perdre de vue, en effet, que les Pahouins sont de solides gaillards, point abrutis par l'alcool, qu'ils sont tous armés et bien approvisionnés en munitions, et que les magasins des factoreries excitent au plus haut point leur convoitise.

9 octobre.

D'Anguidedzan à M'bonvang.

Nous arrivons de nouveau sur les bords du N'tem, qu'il nous faut franchir. Les indigènes disent que nous aurons encore à le traverser bientôt; d'après leurs renseignements, nous estimons que ce prochain passage aura lieu après que nous aurons parcouru 8 à 10 kilomètres. Nous nous demandons si ces deux opérations nous feront franchir deux bras du N'tem formant une île de 8 kilomètres de largeur, ou bien si ce sont là les deux branches d'un coude du fleuve. Nous serons fixés sur ce point en arrivant devant le deuxième bras : suivant que le sens du courant sera le même ou non que dans le premier, nous nous trouverons dans une île ou dans une boucle.

Quoi qu'il en soit, après ces nombreux franchissements de cours d'eau, je vais avoir transformé nos miliciens en de véritables pontonniers; et déjà aujourd'hui je constate les progrès notables qu'ils ont faits tant dans la construction que dans la conduite des radeaux. La vitesse avec laquelle s'effectue le passage est beaucoup plus grande que dans les opérations précédentes.

Nous n'avons trouvé, sur les bords du N'tem, qu'une minuscule pirogue, qu'un officier allemand a fait construire dernièrement et sur laquelle il a essayé de passer; mais les indigènes nous apprennent qu'il a chaviré avec armes et bagages.

Je tente néanmoins de m'en servir pour effectuer la traversée, car j'aurai ainsi plus de chance que sur un radeau, de garantir de l'eau mon théodolite. Je m'embarque donc et m'assieds au fond de l'embarcation, ayant cet instrument sur les genoux. Un pagayeur monte aussi; nous avons beaucoup de peine à trouver place tous deux. Enfin, nous partons, et, après avoir fait un détour immense pour tenir compte de la déviation qui devait être imprimée à cette frêle pirogue par le courant, nous accostons sains et saufs, et presque secs. Je dois ce succès à l'immobilité absolue que j'ai gardée pendant le passage.

Le sentier que nous suivons aujourd'hui est bon, et la brousse est un peu moins épaisse. Aussi trouvons-nous de nombreuses traces d'éléphants, empreintes de pieds, excréments, passages dans la forêt : ceux-ci sont peut-être les meilleurs sentiers.

Les indigènes ne chassent pas l'éléphant. Est-ce par crainte de cet animal? Est-ce parce qu'ils ne savent pas comment s'y prendre? Toujours est-il qu'on ne voit pas, dans le pays, une seule défense. Ce n'est donc pas par la vente de l'ivoire que les futurs colons de cette région se procureront une partie des capitaux nécessaires à l'exploitation du sol, à moins toutefois qu'ils n'organisent de grandes chasses et n'exterminent ainsi en peu de temps cet animal, qui, domestiqué, rendrait de si grands services.

Nous voyons aussi des traces de bœufs sauvages (empreintes de pieds, excréments). Nous avons déjà aperçu ces jours-ci dans les villages des cornes de ces animaux et acquis ainsi la preuve de leur existence dans la contrée.

On voit aussi des cornes d'antilope, que les indigènes portent souvent en sautoir, avec leurs gris-gris. Ont-elles un pouvoir de fétiche, ou bien sont-elles là simplement pour montrer à tous l'habileté du chasseur?

10 octobre.

De M'bonvang à Mabentem.

Pendant que, en cours de marche, nous traversons le village de Bimbion, le chef nous montre un certificat écrit en allemand et daté du 22 septembre, par lequel le lieutenant Forster, membre de la commission franco-allemande du Sud Cameroun, déclare être satisfait des services dudit chef et le recommande aux Européens qui passeront par ce village. Il paraît que cet officier marchait de l'Est à l'Ouest, ce que nous ne nous expliquons pas, puique la commission dont il fait partie, une fois ses travaux terminés aux chutes de Campo, ne pourra que se diriger vers l'Est, pour achever la délimitation dont elle est chargée.

Comme, d'autre part, à son passage ici, le lieutenant Forster était seul blanc et n'était accompagné que d'une vingtaine de soldats et de six porteurs, il est à supposer qu'il est simplement venu chasser l'éléphant, et que, quand il a traversé Bimbion, il rentrait à Campo. C'est lui probablement qui a brûlé le village dont nous avons aperçu les ruines, et c'est lui aussi qui a dû faire construire la petite pirogue dont je me suis servi hier pour franchir le N'tem.

Nous devons aujourd'hui traverser trois bras de ce fleuve, au lieu d'un seul annoncé par les indigènes. Dans les deux premiers, qui peuvent être passés à gué, nous avons de l'eau jusqu'aux aisselles. Le troisième est trop profond pour être franchi de cette façon, et nous sommes obligés d'utiliser un barrage de pêche, où nous avons néanmoins de l'eau jusqu'à la ceinture, car certains des bois qui nous supportent plongent dans la rivière; ils sont, de plus, extrêmement glissants.

Je ne parle que des trois bras principaux du fleuve, sans citer les nombreux marigots secondaires et la multitude de canaux qui s'entrecroisent, où l'eau coule tantôt dans un sens et tantôt dans l'autre, dont l'ensemble en résumé présente un aspect chaotique qui désoriente un Européen, et qui donne l'impression d'un pays en voie de formation, où les rivières n'ont pas encore fini de creuser leur lit.

Mais, enfin, le courant des trois principaux bras du N'tem est parallèle à celui du bras franchi la veille : nous étions donc dans une île, non dans un coude du fleuve, et nous nous trouvons aujourd'hui sur la rive gauche de celui-ci; puissions-nous ne plus rencontrer cet obstacle !

S'ils nous avaient trompés sur le nombre des bras à franchir, les indigènes n'avaient pas menti en ce qui concerne la largeur de l'île. Mais je dois ajouter que ce n'est pas sans peine qu'on parvient à leur faire donner à ce sujet un renseignement exact. Ils n'ont, bien entendu, aucune unité de longueur, et ce n'est que du

Passage d'un bras du N'tem sur un radeau et une pirogue. (Page 141.)

temps qu'ils disent mettre pour aller d'un point à un autre, qu'on peut déduire la distance de ces deux points. Or, ce temps, ils ne l'indiquent que vaguement par les positions du soleil au départ et à l'arrivée. Le mieux est encore de leur demander combien de fois ils peuvent faire le trajet dont il s'agit entre l'aurore et le crépuscule.

En arrivant à Mabentem, nous faisons des observations astronomiques : elles nous apprennent que, si, depuis Anguidedzan, nous nous sommes rapprochés du 9e méridien, par contre les nombreux passages de cours d'eau que nous avons dû effectuer nous ont ramenés un peu vers le Sud.

11 octobre.

De Mabentem à Efesoc.

La série des franchissements de cours d'eau continue : aujourd'hui, nous passons successivement un petit bras du N'tem, puis un affluent important de ce fleuve, le Dombla, dans lequel nous avons de l'eau jusqu'aux seins ; le courant y est extrêmement rapide.

Dès que nous sommes arrivés à Efesoc, il est décidé que le lieutenant Duboc partira immédiatement pour N'zomeyong (rive gauche), afin de relier, par un lever d'itinéraire, ce village à Efesoc, en suivant la rive gauche du N'tem.

Il est accompagné d'un petit détachement de miliciens et de quelques porteurs.

Les villages que nous traversons et celui-ci où nous couchons sont, à notre approche, toujours abandonnés par leurs habitants. L'alimentation de nos hommes devient extrêmement difficile à assurer.

Nous-mêmes, nous vivons, depuis quelque temps, exclusivement de conserves. Aujourd'hui, cependant, nous pouvons, à force de recherches, trouver à acheter quelques maigres poules ; elles ne sont pas chères, il est vrai, car chacune n'est payée que deux boîtes d'allumettes.

Enfin, pour comble de bonheur (nous devenons décidément peu difficiles), nous avons ce soir une salade de pourpier et de feuilles de manioc hachées.

12 octobre.

Séjour à Efesoc.

Nous séjournons à Efesoc pour attendre le lieutenant

Duboc, qui ne rentrera vraisemblablement que demain de sa reconnaissance.

Ce séjour est utilisé à des observations astronomiques et à la chasse : au tableau, foliotocoles, merles métalliques, pigeons verts, etc.

Efesoc est le village le plus reculé dans l'intérieur où habite un traitant noir, agent d'une maison de commerce européenne. Je dis « le village le plus reculé », parce que, vraisemblablement, nous verrons d'autres représentants des Compagnies commerciales, à mesure que nous nous rapprocherons de la côte.

Celui-ci, originaire d'Accra, est l'employé d'une maison allemande de Bata. Le magasin qu'il gère à Efesoc est de fort peu d'importance, sans doute pour que la convoitise des Pahouins ne soit pas excitée par la vue d'un grand stock de marchandises; et c'est là, je crois, une bonne précaution, car, étant donné que ce traitant n'est pas gardé, sa situation serait des plus précaires. Ce qui le prouve, d'ailleurs, c'est qu'hier encore un indigène qui lui apportait de la côte une caisse de marchandises a été complètement dévalisé dans la brousse.

13 octobre.

D'Efesoc à un campement dans la brousse.

Le lieutenant Duboc nous ayant fait prévenir hier soir qu'il rentrerait dans la matinée d'aujourd'hui à Efesoc, nous attendons son retour pour partir.

Il arrive de bonne heure, après avoir effectué un raid magnifique. Les indigènes l'ont fort mal reçu partout où il est passé, probablement parce qu'ils l'ont vu accompagné d'une faible escorte; à N'zomeyong notamment, ils l'ont menacé de lui faire la guerre. Mais il a pu heureusement triompher de leur hostilité, grâce à son énergie et grâce au dévouement de ses miliciens.

Je dois dire ici combien l'habileté de M. Bonnel de

Mézières et son expérience des pays noirs ont réussi à nous attacher notre escorte, à y faire régner en même temps l'ordre et l'obéissance que l'on ne rencontre pas toujours dans les détachements analogues, et que, il faut bien l'avouer, on est d'ailleurs dans l'impuissance absolue d'y maintenir avec le seul aide des règlements sur les milices.

Le Conseil d'Etat, en effet, a toujours refusé de reconnaître comme engagements militaires ceux que souscrivent les miliciens. Ce sont de simples contrats de travail. Quand, par exemple, un milicien déserte, il est coupable au même titre qu'un valet de charrue qui quitte sa ferme avant la fin de l'année; ni plus ni moins. On ne peut le condamner qu'à seize francs d'amende pour rupture de contrat de travail; et même, pour que la peine soit régulièrement appliquée, il faut l'intervention d'un juge de paix. Les miliciens ne sont pas justiciables des conseils de guerre! On comprend dès lors combien, si on n'agit pas sur eux d'une autre façon, en s'adressant par exemple à leur amour-propre, il est difficile de maintenir la discipline chez des gens qui, comme ils disent eux-mêmes, peuvent à tout instant « donner leur démission ».

Nous avons maintenant à traverser une grande brousse, où nous resterons deux jours sans rencontrer de village; il faudra donc ce soir camper dans la forêt.

Beaucoup de traces d'éléphants. Etant donnée la masse de cet animal, il semble qu'on ne devrait le trouver que dans les plaines. Mais il résulte de nos observations qu'il fréquente également les pays accidentés et abrupts. On rencontre souvent ses traces dans les montagnes, et plusieurs fois j'ai peine à croire mes yeux, lorsque j'aperçois l'empreinte évidente de ses pas dans des endroits où il n'a pu atteindre qu'en gravissant des côtes presque à pic, ascension que nous trouvons fort difficile pour nous-mêmes.

Nous ne voyons jamais aucun de ces pachydermes, car le bruit de notre colonne les fait fuir au loin dans la forêt.

Nous n'aperçevons d'ailleurs aucun autre animal. Cependant un singe vient vers le soir près de notre campement, mais il se sauve aussitôt sans qu'on ait pu le tirer.

14 octobre.

D'un campement dans la brousse à Ayaman.

Nous marchons encore toute la journée dans la brousse. Cependant, à un moment donné, une montagne, dont le sommet est entièrement déboisé et recouvert seulement d'une herbe courte, se trouve sur notre itinéraire : le fait est assez rare dans ce pays pour mériter d'être signalé.

Puis, au loin, on aperçoit une grande chaîne de montagnes, qui fait probablement partie des monts Cameroun.

En arrivant à Ayaman, nous faisons des observations astronomiques : le village se trouve à 2°14'55" de latitude nord. Nous avons donc dépassé le parallèle 2°14', que nous devions atteindre. Notre mission est terminée.

Quelle joie rayonne sur nos visages ! Qui de nous ne serait heureux à la pensée de revoir bientôt sa famille et ses amis ?

Aussi nous préoccupons-nous, dès maintenant, de savoir comment nous allons rentrer à la côte. Le plus court, c'est de nous y diriger en suivant à peu près la limite sud de Cameroun, ce qui nous conduira à Campo, où nous espérons trouver le *Rabat* pour nous ramener par mer à Libreville. Il en est ainsi décidé : dès demain nous partirons dans la direction de l'Ouest.

III

RETOUR A LIBREVILLE PAR LE SUD-CAMEROUN, CAMPO ET BATA

Dès le 15 octobre, nous nous mettons en route vers la mer. Notre marche est maintenant très rapide, d'abord parce que c'est le retour et que nous sommes tous animés du vif désir de l'effectuer le plus vite possible; ensuite parce que nous ne sommes plus liés par la condition de ne pas nous éloigner d'une ligne déterminée (méridien ou parallèle), et qu'il nous suffit de nous diriger d'une manière générale vers la côte; enfin, parce que, comme dans la première partie de notre mission, nous trouvons de nombreux chemins dans la direction Ouest; direction des voies commerciales de la contrée, comme je l'ai déjà expliqué.

Nous trouvons, d'autre part, dans les environs des villages, des sentiers élargis et bien débroussaillés. C'est l'effet d'une consigne que les Allemands ont dû donner à tous les chefs, et qui est très strictement observée; ceux-ci doivent connaître la sévérité de ceux-là. Ce résultat peut nous servir d'indication, et nous prouve, en tout cas, que, le jour où nous voudrons établir un impôt sous forme de travail, nous y réussirons certainement, à condition que nous soyons assez forts pour réprimer toute tentative d'insoumission, soit de la part d'un individu, soit de la part d'une collectivité.

La population qui habite le sud du Cameroun est, en effet, absolument semblable à celle du rio Mouny; les mêmes lois peuvent leur être appliquées. De même, je constate que la constitution du sol, la flore et la faune sont identiques à celles étudiées jusqu'ici.

Le commerce paraît être de plus en plus actif à mesure que nous nous approchons de la côte. Nous voyons de nombreux traitants noirs, agents de maisons allemandes ou anglaises, mais pas un seul représentant de société française. L'un de ces traitants, qui est en même temps le chef de son village, nous reçoit au son d'un accordéon, dont il tire d'ailleurs des airs extrêmement désagréables. Notre fameux clairon, Akadengué, qui sait décidément tout faire, s'empare de l'instrument et, à la grande joie de nos Loangos, joue la maringa, danse des Pongouès, que j'ai eu l'occasion de voir exécuter à Libreville.

Mais les indigènes ne sont pas toujours aussi aimables que ce chef. Un jour, dans un village, où l'interprète a été envoyé pour annoncer notre venue, un Pahouin lui tire un coup de feu, qui heureusement ne le blesse pas. Deux miliciens qui se trouvaient là avec Calixte, peuvent le protéger, et nous amènent même un mouton qu'ils ont exigé à titre d'amende.

J'ai dit plus haut que nous espérions résoudre le problème de l'embouchure du N'tem. D'après certain voyageur, ce fleuve se jetterait dans l'Outemboni; d'après un autre, dans le Voleu; suivant un troisième, dans le Campo. A la suite de ses explorations précédentes, le docteur Osorio, notre aimable compagnon, s'est rangé à cette dernière opinion, et il en est de même, je crois, de M. Lesieur.

Mais, d'après mes renseignements, ce ne sont là que des opinions, dont aucune n'a été vérifiée sur les lieux. Il en est tout autrement de nos conclusions. Après avoir, en effet, laissé le N'tem à notre droite à Mabentem, nous ne le rencontrons plus; de temps en temps seulement, nous entendons, encore à notre droite, des bruits de rapides qui semblent provenir d'un grand fleuve; enfin, arrivés à Jengué, nous trouvons, toujours à notre droite, un grand fleuve, qui s'appelle ici le Campo, et qui, par sa masse d'eau, présente la même importance que le N'tem.

Donc, d'une part, nous sommes absolument « certains » que celui-ci ne se jette ni dans l'Outemboni, ni dans le Voleu, qui ont toujours été à notre gauche; et, d'autre part, comme il n'existe pas, à notre connaissance, de cours d'eau aussi considérable qui se jette dans l'Océan au nord de Jengué, nous pouvons en conclure que N'tem et Campo désignent un seul et même fleuve. C'est une découverte géographique dont la vérification doit être mise à l'actif de notre mission.

Jengué est un petit village indigène situé à une douzaine de kilomètres de la mer, près des chutes du Campo, où la masse énorme des eaux de ce fleuve forme en bouillonnant une cascade splendide et impressionnante.

C'est là que, depuis notre départ de Mitombé, nous voyons le premier Européen, un Français, gérant d'une factorerie appartenant à la Société du Haut-Ogoué; cet agent y dirige en même temps une exploitation de cacaoyers.

La commission de délimitation franco-allemande du Sud Cameroun a opéré ici pendant plusieurs mois. Le docteur Cureau, chef de la section française de cette commission, est parti récemment avec son personnel et son matériel; nous nous installons dans les cases qu'il avait fait construire pendant son séjour.

Quant à la section allemande, son chef et le lieutenant Forster se sont embarqués avec le docteur Cureau; il reste ici, avec le personnel noir et le matériel, un docteur dont j'oublie le nom, et le lieutenant Schultz, dont nous apprendrons la mort dans quelques mois. Ils doivent partir demain par voie de terre, et c'est au cours de cette expédition que M. Schultz meurt de la fièvre.

A Jengué, pour la première fois depuis longtemps, nous buvons du vin, et même (quel luxe !) de la bière que le gérant de la factorerie a pu se faire céder par les Allemands établis sur la rive droite du Campo.

Alors que nous comptions trouver ici le *Rabat,* nous apprenons que, la barre rendant en ce point les opérations d'embarquement très dangereuses, le commissaire royal a jugé préférable d'aller nous attendre à Bata.

Nous partons donc pour cette ville. Le mieux pour s'y rendre est de longer le rivage de la mer; mais il faut, avant d'y être, traverser un marais presque ininterrompu. Ah ! ce marais ! Quel inextricable fouillis de rotins, de bambous, de lianes épineuses, barricadant de leur enchevêtrement un sol presque consolidé par ce fouillis ! La primitive matchette a peine à se frayer un couloir où nous passons un à un, faisant péniblement quelques kilomètres au prix d'un labeur acharné ! Tantôt les troncs énormes, les arbres de haute futaie ou les racines tordues des palétuviers s'élancent, parmi les broussailles, d'une boue vaseuse et liquide, où, comme dans les forêts des temps géologiques, pourrissent des couches successives de végétaux; tantôt l'eau s'étend en larges nappes noires où la perche enfoncée ne rencontre qu'un sol mou et fuyant.

Ajoutez à cela une pluie torrentielle, et vous comprendrez le désir que nous avons de trouver un petit abri pour nous reposer et prendre un léger repas. Il nous faut marcher ainsi jusque vers deux heures avant de rencontrer un village où nous pouvons déjeuner.

Nous y avons l'agréable surprise de ne plus voir de Pahouins, ou presque plus. Le pays est habité par les Combés, ancienne race qui, comme celle des Gabonais, est appelée à disparaître devant l'invasion des sauvages de l'intérieur. Les Combés sont presque entièrement vêtus, ils ont même des parapluies, ce qui nous semble un luxe inouï, à nous qui nous en passons depuis si longtemps, et à qui cependant ils auraient été si utiles !

Nous apercevons ici, à côté du village, des champs de cacaoyers où ces arbres viennent très bien et sont encore chargés d'une belle récolte.

Mais il ne nous est pas permis de nous attarder, il faut

Arrivée de la mission sur la plage de Bata. (Page 155.)

repartir, car nous voulons encore gagner le bord de la mer aujourd'hui, et effectivement nous y arrivons bientôt.

Pendant mon voyage, j'ai subi bien des impressions, ressenti bien des joies et des tristesses, eu des moments d'abattement ou de courage extraordinaire; mais j'avoue que l'impression la plus forte que j'ai encore eue est celle de la vue de l'Océan.

Il faut bien se rappeler, en effet, qu'il règne dans la forêt tropicale une sorte de demi-obscurité qui fatigue.

On a soif de voir le jour, de voir de l'herbe, car ici le sol n'est tapissé que de jeunes pousses. Pas ou presque pas de fleurs; en somme, rien qui réconforte.

La monotonie est terrible. Ni le vent, ni le soleil ne pénètrent dans cette immensité. A cent mètres d'un village, on est isolé du monde. C'est à peine si on aperçoit les oiseaux. Ils vivent sur les cimes, goûtant à la fois le soleil et l'ombre; leur babil n'arrive pas au sentier, étouffé qu'il est par le bruit des coups de matchette des indigènes qui frayent le chemin en coupant des arbres et des lianes.

Aussi, après des mois de cette existence terne et mélancolique passée dans une sorte de couloir ininterrompu de mille kilomètres, lorsque, tout à coup et sans que rien n'en annonce le voisinage, on se trouve en présence de l'immensité de la mer, on reste ahuri. Les yeux, qui ne sont plus habitués aux grands espaces ni à la lumière, sont éblouis, on a le vertige. En même temps, la joie envahit le cœur, on pense tout à la fois à l'arrivée et au retour, on cause à ses voisins, on éprouve le besoin de communiquer ses impressions de bonheur même à son boy, on est heureux!

Et cette ivresse, cette joie, ce bonheur, les noirs les ressentent aussi, car aussitôt ils entonnent leurs chansons les plus gaies et les plus entraînantes, et les voilà tous comme saisis d'une ardeur nouvelle, ils volent plutôt qu'ils ne marchent, et ne sont pas encore fatigués lorsqu'ils arrivent au village où nous devons passer la nuit.

Nous cheminons ainsi pendant trois jours sur le rivage de la mer, et ce sont, je dois l'avouer, trois étapes extrêmement dures, tant par leur longueur que par les passages des ruisseaux, des mares, des rochers, des troncs d'arbres qui, à chaque instant, coupent l'élan des plus vaillants; ajoutez à cela qu'on s'enfonce dans le sable, et que la réverbération du soleil sur l'eau est très pénible et produit chez l'Européen un commencement d'insolation.

Mais nous voici à l'extrémité de notre course terrestre, à Bata, où nous devons nous embarquer sur le *Rabat*.

Bata est connu depuis longtemps, et je ne m'arrêterai pas à en parler, sinon pour rappeler que c'est le chef-lieu de la nouvelle colonie espagnole dont nous venons de délimiter la frontière, et qui s'appellera on ne sait encore comment : Guinée espagnole ou Biafra (à cause du golfe de ce nom).

Il y a ici plusieurs factoreries, dont une française, appartenant à la Société du Haut-Ogoué. On y voit aussi la mission catholique française des Pères du Saint-Esprit.

Mais nous avons hâte de nous embarquer. Il me vient, à ce moment, à l'esprit deux vers que j'ai lus je ne sais plus où :

> Habitants de ces lieux, qu'il est doux d'ajouter
> Au plaisir de vous voir celui de vous quitter.

Nous sommes reçus le plus aimablement du monde sur le *Rabat*, par le commissaire royal, les membres de la commission et les officiers du bord.

On nous conduit d'abord dans le Mouny, à Botika, où nous devons prendre des bagages laissés au départ par nos hommes, et nous arrivons enfin le 29 octobre à Libreville, où nous trouvons toute la correspondance qui nous a été envoyée de France depuis notre départ : c'est l'une des meilleures journées de notre voyage.

IV

DEUXIÈME SÉJOUR A LIBREVILLE, RETOUR EN FRANCE

C'est à Libreville que s'était constituée notre mission ; c'est là qu'elle se disloque. Tous nos hommes sont payés, et les porteurs originaires de Loango et de Mayumba sont ramenés dans ces villes par nos soins.

En arrivant à Libreville, nous apprenons qu'une insurrection s'est produite à N'jolé, sur l'Ogoué, où les indigènes ont voulu piller les factoreries. Des miliciens sont déjà partis sous les ordres des lieutenants Fourneau et Rouyer pour assurer la sécurité de cette région, et sont déjà aux prises avec les Pahouins.

Nous nous mettons immédiatement, le lieutenant Duboc et moi, à la disposition du commissaire général, et lui demandons à prendre part à la répression des insurgés. M. Grodet répond qu'il serait heureux de nous donner satisfaction, mais qu'il ne dispose pas de crédits suffisants. C'est pour nous une véritable déception.

Sur ces entrefaites d'ailleurs, le lieutenant Duboc ne tarde pas à se trouver en proie à de violentes douleurs que lui cause un abcès au foie. Bientôt son état devient extrêmement grave, et c'est pour nous un bien gros ennui de le quitter, au moment où il est sur le point de subir une opération des plus délicates.

Le 17 novembre, nous nous embarquons, M. Bonnel de Mézières et moi, sur le *Thibet*, vapeur de la Compagnie Fraissinet, qui nous débarque le 11 décembre 1901 à Marseille.

Et, maintenant, si l'on me demande quel souvenir je garde de mon voyage, je répondrai :

Pour moi, cette vie de l'explorateur était un monde nouveau dans lequel ma pensée avide plongeait à chaque heure, à chaque minute. J'ai voulu, autant que je l'ai pu, m'initier à toutes les émotions; j'ai voulu m'abreuver sans relâche à cette source infinie d'impressions diverses.

Eh bien, s'il est vrai que les expéditions de ce genre ne se font pas sans fatigue ni danger, elles sont par cela même attrayantes et elles offrent des satisfactions qu'il n'est pas donné à tout le monde de goûter.

D'ailleurs, on oublie vite les souffrances et les épreuves : « Le passé est un squelette que le présent couvre bientôt d'un manteau d'or », disent les Arabes.

Le bonheur est certainement toujours relatif, dit à son tour M. Binger; mais ne croit-on pas que tous ceux qui, avant nous et comme nous, ont abandonné tout pendant des mois pour augmenter un peu notre prestige loin de la mère-patrie, et qui ont élargi un tant soi peu le cercle de nos connaissances géographiques, ne sont pas heureux à leur manière?

Certainement oui, ils le sont; je l'affirme pour eux et pour nous.

Aussi les souvenirs que j'ai emportés avec moi ne s'effaceront-ils jamais.

V

CONCLUSIONS

Faut-il laisser de côté la partie septentrionale du Gabon en déclarant qu'on ne pourra jamais rien en tirer ou bien cette région, au contraire, présente-t-elle certaines ressources qui permettent de croire à son avenir?

Il est peut-être osé d'essayer de donner des conclusions générales. La reconnaissance que nous avons faite ne peut, en effet, que nous éclairer sur le parcours de la ligne suivie, mais non pas sur l'ensemble du territoire tout entier.

Dans son état actuel, le pays ne peut rien nous fournir, si ce n'est du caoutchouc et un peu d'ivoire. Or l'ivoire ne peut affluer indéfiniment, et la chasse à l'éléphant n'a qu'une durée limitée.

Quant au caoutchouc, c'est la richesse naturelle la plus précieuse de l'heure présente, le produit qui lutte avec le fer, qui le complète et qui parfois le remplace. Une sage réglementation peut faire espérer une durée indéfinie de cette production; malheureusement les noirs qui la recueillent n'ont aucun besoin, et leur paresse est grande.

Pour ce qui concerne enfin les transports, cette région est actuellement fort mal partagée, malgré les nombreux cours d'eau qui la traversent, parce que ceux-ci sont coupés de rapides infranchissables.

Est-ce à dire, pour tout cela, qu'il faille renoncer d'une manière absolue à l'exploitation de cette contrée?

Tel n'est pas mon avis; car, si tel est l'état actuel du pays, on peut le modifier.

Le premier effort à tenter paraît être de construire des voies de communication, surtout des chemins de fer. Et cette nécessité est plus impérieuse ici que partout ailleurs, parce que les difficultés que la configuration du sol oppose à toutes les relations de la côte avec l'intérieur, sont plus grandes que dans toute autre contrée. Cela est tellement vrai, les sentiers actuels sont si impraticables, que l'on peut avec assurance prédire que, tant que des chemins de fer, véritables embouchures économiques des cours d'eau, n'auront pas été créés, il faudra rester à la côte.

La voie ferrée nécessaire à l'exploitation du Gabon septentrional devra être tracée, en tenant compte naturellement des obstacles naturels, de manière à couper le N'tem et le Voleu et à recueillir ainsi le commerce de ces deux fleuves; peut-être enfin devra-t-elle suivre le Como pour venir aboutir à Libreville.

La colonie n'est pas assez riche, surtout dans les circonstances actuelles, pour procéder, même partiellement, à l'exécution des travaux. Mais pourquoi une Société, qui recevrait en échange une importante concession territoriale, ne se chargerait-elle pas des études, construction et exploitation? L'exemple du Dahomey est à méditer. Dans tous les cas, on peut affirmer une fois de plus qu'à l'établissement de ce chemin de fer est lié l'avenir de la région.

Quels que soient les efforts, en effet, qu'on puisse faire pour augmenter la production, ils resteront stériles si, dans le même temps, on n'améliore pas les voies de communication existantes ou si on n'en crée pas de nouvelles. A quoi sert de produire davantage si l'excédent de production ne trouve pas de débouchés; et quant à l'importation des marchandises européennes elle sera toujours limitée dans la mesure de l'exportation des produits du sol.

Cela revient donc à dire que la question de la mise en valeur du Gabon septentrional se réduit, une fois les conditions élémentaires d'ordre et de sécurité obtenues, à la question de création de l'outillage de transport, et c'est là d'ailleurs l'alpha et l'oméga de notre politique coloniale africaine.

J'ajoute que les frais de construction de la voie ferrée pourraient être réduits en faisant admettre le principe de l'impôt aux indigènes par exemple sous forme de travail. Je suis persuadé qu'ils s'exécuteraient; d'ailleurs, comme je l'ai déjà dit, nous en avons vu une preuve dans tous les villages du Cameroun méridional. Avant de partir, les officiers allemands avaient prescrit aux chefs de faire élargir, sur une certaine longueur autour des agglomérations, les sentiers qui y aboutissaient. Soit par crainte de répression, soit pour toute autre cause, les travaux furent exécutés, et nous n'étions pas peu surpris de trouver ces chemins absolument carrossables.

Je suis persuadé que nos sujets indigènes se soumettraient facilement aux mêmes prestations, surtout si on leur renouvelait la théorie du *do ut des* que M. Gentil a exposée aux tribus du Chari, et si nous expliquions aux Pahouins qu'il en résulterait pour eux la possibilité de faire du commerce directement avec la côte sans passer par l'intermédiaire des tribus qui y mettent actuellement un empêchement absolu.

Pour ce qui est de l'agriculture, l'exploitation des produits naturels dont j'ai parlé ne doit être, comme dans toute colonie à développement normal, que l'appoint fourni aux produits de la culture, que le supplément qui compense les frais des premières années.

Mais ce vers quoi doivent tendre les efforts des colons, c'est de donner au sol une définitive richesse par l'organisation de plantations méthodiques.

Or quelle est la nature des exploitations agricoles possibles?

Jusqu'ici les habitants n'ont pas su profiter de leurs terres et de leurs plantes; ils ignorent leurs richesses, à plus forte raison la manière d'en tirer parti. Faut-il donc les remplacer par des émigrants d'Europe? Par malheur, cette contrée équatoriale, constamment chaude et humide, se prête peu à l'habitat par les blancs; on peut y envoyer quelques officiers, quelques fonctionnaires; mais vouloir la peupler est un rêve irréalisable : l'expérience nous l'apprend chaque jour. Pourtant, de ce que l'acclimatation est dans ces régions impossible il ne s'ensuit pas que ces territoires soient inutilisables et inutiles. A défaut de colons, soyons des initiateurs; puisque nous ne pouvons cultiver nous-mêmes, défrichons les esprits des noirs, dévoilons-leur les moyens de faire valoir leur sol, dirigeons-les dans un apprentissage de planteurs et de commerçants. Pour cela, point n'est besoin d'une grande émigration de la métropole. On dit souvent que les colonies sont les terres d'expansion des bureaucrates : rien n'est plus vrai, et rien ne l'est à plus juste titre.

« Nous n'avons pas besoin, comme on l'a dit encore, de peupler, et il ne nous faut presque partout que des cadres d'officiers et de fonctionnaires capables d'opérer doucement l'initiation agricole, industrielle et morale. »

D'ailleurs, pourquoi même chercher à développer des cultures nécessitant une direction européenne, alors que toute la main-d'œuvre est indigène, et que, lorsque des Européens interviennent dans une entreprise, elle est forcément grevée de frais généraux considérables, absorbant rapidement la plupart des capitaux engagés?

Autant que possible, c'est donc vers les cultures peu

compliquées, susceptibles de réussir entre les mains des indigènes, que les essais agricoles devraient s'orienter. C'est dans ces conditions que la culture de l'arachide s'est répandue et a prospéré dans le Sénégal et le Soudan, et que celle du coton commence à y réussir.

La question se posera d'ailleurs de savoir s'il ne conviendrait pas d'encourager ces essais agricoles par des primes à la culture ou à l'exportation.

Mais j'ai dit que le Pahouin était essentiellement paresseux, et qu'il ne considérait pas d'ailleurs le travail de la terre comme assez noble pour lui. Le recrutement des travailleurs constituera donc une difficulté sérieuse pour le colon qui voudrait s'établir dans la région. Mais qui sait si là, et dans d'autres colonies d'ailleurs, on ne sera pas amené à prendre des mesures pour astreindre les indigènes à fournir une certaine quantité de travail? C'est là une grosse question, touchant de près au rétablissement de l'esclavage, et que je ne veux pas aborder, me bornant à faire remarquer que, dans les conditions actuelles, on a souvent recours au travail obligatoire pour le portage. En tout cas, la réglementation de la main-d'œuvre est le corollaire indispensable du crédit colonial que des hommes éminents s'efforcent de faire aboutir. Il n'est pas suffisant, en effet, d'avoir de l'argent, il faut encore pouvoir l'employer, et l'employer d'une façon sûre. Or, ce serait impossible sans le premier élément de toute exploitation, c'est-à-dire sans main-d'œuvre.

Quoi qu'il en soit, il faudra de toutes façons faire, entre les diverses cultures possibles, le choix de celle qui exige le moins de travail. Je crois que le cacao remplit le mieux cette condition. Des essais ont été faits déjà, qui donnent d'excellents résultats.

Une autre plante à grand rendement à laquelle on pourra également songer et qui réussirait vraisemblablement dans le Gabon septentrional comme dans les régions voisines, est le caféier.

D'ailleurs, le directeur du Jardin d'essai de Libreville met son expérience au service des colons qui veulent entreprendre des cultures spéciales. Ils trouvent, en outre, dans ce Jardin, non seulement les principales plantes utiles du pays, mais encore celles qu'il peut être intéressant d'y introduire. C'est ainsi que le Jardin d'essai tient à la disposition des particuliers, sans autres frais que ceux qui sont occasionnés par l'arrachage et le transport, de nombreux plants et semences de caféiers, de cacaoyers, de vanilliers, d'arbres fruitiers et de caoutchoutiers.

Pour me résumer, je ne puis pas dire que la région dont je parle soit une terre de promission, un nouveau Chanaan. Non, certes! Là, comme partout, on n'obtiendra rien que par le travail; mais, comme le travail y est relativement facile, j'espère que ceux de nos jeunes gens qui se sentent au cœur le désir de bien faire, et sont décidés à ne pas demeurer inutiles en perdant sottement leur temps et leur argent, voudront bien se souvenir qu'il existe quelque part, sous l'équateur, une France nouvelle, qui ne réclame qu'un peu d'entrain, un peu de bonne volonté, un peu de cette ardeur que nous consumons en luttes stériles ou en labeurs fastidieux.

En ce qui concerne le commerce, l'avenir du pays est, pour l'exportation, dans le caoutchouc, et, pour l'importation, dans le tabac, les étoffes, perles, etc.

Le commerce d'échange des produits indigènes nécessite des capitaux considérables. Ce n'est, en effet, qu'en opérant en grand que les bénéfices peuvent être appréciables. Les frais généraux étant forcément énormes, il est nécessaire que les profits soient importants. Pour cela, il est indispensable d'aller chercher la marchandise au lieu même de production, où on l'obtient fréquemment à des prix très avantageux.

Or, parvenir à ce lieu de production, exige déjà de très grosses dépenses. Ces considérations expliquent l'importance des capitaux dont doivent disposer les maisons de commerce établies dans ce pays.

Le commerce y est presque entièrement aux mains des étrangers, notamment de négociants de Hambourg et de Liverpool. C'est vers l'Angleterre que sont dirigées les plus grandes quantités de produits de cette région.

Il faut que nos factoreries prennent la place des comptoirs anglais et allemands qui ont presque tout envahi, et qui feraient croire que c'est pour les commerçants étrangers que nous dépensons le sang et l'or français, quand nous conquérons des colonies. Il faut que cet or et ce sang que nous prodiguons profitent finalement à la mère-patrie : c'est plus et mieux qu'une question d'amour-propre.

En résumé, les pays que nous avons parcourus ne valent ni plus ni moins que nos autres possessions de l'Afrique Occidentale. Cependant l'eau y est abondante, et l'agriculture a, par conséquent, plus de chance de s'y développer et de devenir prospère que dans nos territoires du Sénégal et du Soudan. Mais le climat y est aussi néfaste pour les Européens : ce ne sera jamais une colonie de peuplement.

Les Pahouins, qui sont fétichistes, n'ont pas les besoins des peuples musulmans. Ce n'est donc pas du côté du commerce, mais du côté de l'agriculture que devront porter tous les efforts dans cette région.

Tel est le pays que nous avons visité, tels sont ses

habitants; telles sont les difficultés que pays et habitants ont opposées à notre marche. Malgré ces difficultés, nous avons été assez heureux pour accomplir intégralement la tâche qui nous avait été confiée; tâche sans éclat sur laquelle aucune fusillade n'a attiré l'attention; tâche de souffrances, de fatigues inouïes, d'abnégation sans bornes et surtout de maîtrise de soi-même, ce qui n'est pas sans mérite chez des soldats faits pour la guerre.

Durant tout le cours de son voyage, en effet, la commission a tenu à ne pas sortir de son mandat essentiellement pacifique, bien que les discussions continuelles avec les chefs indigènes, la surveillance qu'il fallait constamment exercer sur eux et leurs administrés, le maintien de l'ordre et de la discipline chez les miliciens de l'escorte, produisissent chez nous une surexcitation et un nervosisme qui, sous ce climat surtout, étaient autrement pénibles que ne l'eût été un état de guerre franchement déclaré.

Mais nous n'avons cessé de penser que la douceur et la patience sont des arguments meilleurs que la force, et partout nous avons fait comprendre que nos armes ne seraient employées que contre une agression directe. C'est pourquoi nous croyons pouvoir être fiers, pour notre pays plus que pour nous-mêmes, d'avoir ainsi pu traverser, sans tirer un seul coup de fusil, ces régions inhospitalières où l'hostilité sauvage des habitants ne guettait que l'occasion d'un massacre.

Je dois déclarer ici que le succès n'aurait pas été atteint et que nous aurions dû sûrement rebrousser chemin pour l'une des mille causes qui peuvent arrêter une mission, si nous n'avions eu pour chef un homme dont je ne saurais assez haut louer l'expérience, le talent d'organisation, la profonde connaissance du caractère du noir, la fermeté, la constante préoccupation de la santé de ses collaborateurs. Je ne saurais assez dire que c'est grâce à toutes ces qualités, que M. Bonnel de Mézières possède à un si haut degré, que nous avons pu atteindre notre but. Je souhaite à mon pays d'avoir beaucoup d'hommes de cette trempe, qui lui ont déjà rendu et qui lui rendront encore, je l'espère, les plus éminents services.

Quant au lieutenant Duboc, j'ai rarement vu un officier aussi plein de vigueur, de dévouement et d'énergie, et qui, toujours prêt à marcher, n'a cessé de faire preuve d'un courage et d'une activité peu commune. Toujours à la hauteur des missions qui lui étaient confiées, il les a toujours remplies avec une intelligence, un zèle et une abnégation qui faisaient l'admiration de tous.

Nous n'avons été que de bien modestes ouvriers dans la construction de ce vaste édifice colonial que la France élève depuis vingt ans, et qui sera l'honneur de la troisième République. Notre œuvre est certes loin d'être comparable à celle des Foureau et des Binger.

Néanmoins, les difficultés que nous avons rencontrées et les efforts que nous avons dû faire pour les surmonter, nous ont permis de nous rendre compte des énormes sommes d'énergie que nos devanciers ont dû dépenser, et de nous convaincre par suite que, quoi que certains en disent, le peuple de France possède encore une grande réserve de vigueur morale et d'endurance physique.

Notre pays peut donc être fier de ses explorateurs et les glorifier, car c'est à eux et à ses soldats qu'il doit d'avoir repris sa place dans le monde; c'est à eux tous qu'il doit de posséder aujourd'hui, dans les pays lointains, pour son commerce et son industrie, de nouveaux marchés dont le développement sera l'œuvre du XXe siècle.

ANNEXES

I

La Convention franco-espagnole du 27 juin 1900.

Article premier. — (Relatif au rio de Oro.)

Art. 2. — (Même objet.)

Art. 3. — (Même objet.)

Art. 4. — La limite entre les possessions françaises et espagnoles, sur la côte du golfe de Guinée, partira du point d'intersection du thalweg de la rivière Mouni avec une ligne droite tirée de la pointe Coco-Beach à la pointe Diéké. Elle remontera ensuite le thalweg de la rivière Mouni et celui de la rivière Outemboni jusqu'au point où cette dernière rivière est coupée, pour la première fois, par le 1° de latitude nord et se confondra avec ce parallèle jusqu'à son intersection avec le 9° de longitude est de Paris (11° 20' est de Greenwich).

De ce point, la ligne de démarcation sera formée par ledit méridien 9° est de Paris jusqu'à sa rencontre avec la frontière méridionale de la colonie allemande de Cameroun.

Art. 5. — Les navires français jouiront, pour l'accès par mer de la rivière Mouni, dans les eaux territoriales espagnoles, de toutes les facilités dont pourront bénéficier les navires espagnols. Il en sera de même, à titre de réciprocité, pour les navires espagnols dans les eaux territoriales françaises.

La navigation et la pêche seront libres pour les ressortissants Français et Espagnols dans les rivières Mouni et Outemboni.

La police de la navigation et de la pêche dans ces rivières, dans les eaux territoriales françaises et espagnoles aux abords de l'entrée de la rivière Mouni, ainsi que les autres questions relatives aux rapports entre frontaliers, les dispositions concernant l'éclairage, le balisage, l'aménagement et la jouissance des eaux feront l'objet d'arrangements concertés entre les deux gouvernements.

Art. 6. — Les droits et avantages qui découlent des articles 2, 3 et 5 de la présente convention étant stipulés à raison du caractère commun ou limitrophe des baies, embouchures, rivières et territoires susmentionnés, seront exclusivement réservés aux ressortissants des deux hautes parties contractantes et ne pourront en aucune façon être transmis ou concédés aux ressortissants d'autres nations.

Art. 7. — Dans le cas où le gouvernement espagnol voudrait céder, à quelque titre que ce fût, en tout ou en partie, les possessions qui lui sont reconnues par les articles 1 et 4 de la présente convention, ainsi que les îles Elobey et l'île Corisco voisines du littoral du Congo français, le gouvernement français jouira d'un droit de préférence dans des conditions semblables à celles qui seraient proposées audit gouvernement espagnol.

Art. 8. — Les frontières déterminées par la présente convention sont inscrites, sous les réserves formulées dans l'annexe numéro 1 à la présente convention, sur les cartes ci-jointes (annexes numéros 2 et 3).

Les deux gouvernements s'engagent à désigner dans

le délai de quatre mois, à compter de la date de l'échange des ratifications, des commissaires qui seront chargés de tracer sur les lieux les lignes de démarcation entre les possessions françaises et espagnoles, en conformité et suivant l'esprit des dispositions de la présente convention.

Il est entendu entre les deux puissances contractantes qu'aucun changement ultérieur dans la position du thalweg des rivières Mouni et Outemboni n'affectera les droits de propriété sur les îles qui auront été attribuées à chacune des deux puissances par le procès-verbal des commissions dûment approuvé par les deux guvernements.

Art. 9. — Les deux puissances contractantes s'engagent réciproquement à traiter avec bienveillance les chefs qui, ayant eu des traités avec l'une d'elles, se trouveront, en vertu de la présente convention, passer sous la souveraineté de l'autre.

Art. 10. — La présente convention sera ratifiée et les ratifications en seront échangées à Paris dans le délai de six mois, et plus tôt si faire se peut.

En foi de quoi les soussignés ont dressé la présente convention, qu'ils ont revêtue de leur cachet.

Fait à Paris, en double exemplaire, le 27 juin 1900.

Annexe n° 1 à la convention du 27 juin 1900.

Bien que le tracé des lignes de démarcation sur les cartes annexées à la présente convention (annexes numéros 2 et 3), soit supposé être généralement exact, il ne peut être considéré comme une représentation absolument correcte de ces lignes jusqu'à ce qu'il ait été confirmé par de nouveaux levés.

Il est donc convenu que les commissaires ou délégués locaux des deux pays qui seront chargés, par la suite, de délimiter tout ou partie des frontières sur le terrain, devront se baser sur la description des frontières telle qu'elle est formulée dans la convention. Il leur sera loisible, en même temps, de modifier lesdites lignes de démarcation en vue de les déterminer avec une plus grande exactitude et de rectifier la position des lignes de partage, des chemins ou rivières, ainsi que des villes ou villages indiqués dans les cartes susmentionnées.

Les changements ou corrections proposés d'un commun accord par lesdits commissaires ou délégués seront soumis à l'approbation des gouvernements respectifs.

II

Opérations techniques de délimitation.

Choix de la méthode générale.

Dans un pays aussi fourré et accidenté que la contrée visitée, une colonne doit nécessairement suivre les sentiers. Aussi la commission n'a-t-elle pas songé un seul instant à marcher exactement le long du parallèle et du méridien frontières, car il eût fallu pratiquer une percée dans la forêt suivant ces deux directions (parallèle, méridien), c'est-à-dire entreprendre un travail considérable, dont l'exécution eût demandé plusieurs années, et dont il ne serait d'ailleurs plus resté trace au bout de peu de temps, la végétation devant rapidement combler ces trouées.

La seule solution admissible consistait à suivre les sentiers indigènes en choisissant ceux qui se rapprochaient le plus près possible de la frontière, à en faire le lever exact, à reporter les résultats sur une carte, à tracer ensuite le parallèle et le méridien frontières sur ladite carte, et sur celle-ci repérer alors la frontière par rapport aux points remarquables du terrain, tels que villages, confluents, etc. C'est la méthode qui a été adoptée.

La route suivie a donc été relevée par des levers d'itinéraires exécutés à la boussole et au podomètre. Ces opérations ne donnent lieu à aucune remarque nouvelle : les difficultés qui y sont attachées ont été déjà signalées par les explorateurs.

Comme toujours, ces levers d'itinéraires ont dû être appuyés sur un canevas relevé avec une grande précision. Mais ici, il importait d'autant plus que l'exactitude fût très grande et que les mailles du canevas fussent serrées, que la présence de nombreux cours d'eau et de vastes marécages avait forcément pour effet d'entacher d'erreurs assez grossières l'ensemble des levers d'itinéraires.

Pour le lever du canevas, la méthode des triangulations, qui donne les résultats les meilleurs, n'a pu être utilisée, parce que l'emploi de ce procédé eût exigé une reconnaissance préalable de tout le pays à parcourir, reconnaissance que l'organisation même de la commission rendait impossible. Au surplus, la difficulté de mesurer une base, puis l'impossibilité de trouver des points visibles les uns des autres dans un pays relativement plat et couvert d'une brousse épaisse, auraient, dans tous les cas, rendu ce procédé absolument impraticable.

C'est donc astronomiquement en valeur absolue qu'il a fallu déterminer les positions géographiques dont l'ensemble formait le canevas indispensable pour repérer et rectifier les itinéraires.

La présente note n'a pas pour but de décrire les procédés adoptés pour la détermination des coordonnées géographiques ni d'en justifier l'emploi; mais simplement de résumer les remarques faites en cours de voyage, et qui pourraient, semble-t-il, être utilement consultées par tout opérateur appelé à effectuer des observations astronomiques dans l'Afrique équatoriale.

En particulier, on ne saurait, dans les opérations de cette nature, apporter trop de soin au choix et à la composition de son matériel instrumental, si l'on veut en tirer tout le parti désirable. Ce qui doit guider, c'est le souci de concilier une précision suffisante avec le minimum d'encombrement et de poids et la plus grande commodité possible dans l'usage. Il ne faut pas perdre de vue que, dans les voyages de délimitation et d'exploration, les travaux astronomiques constituent une sujétion fort pénible, en raison des fatigues de la marche, des corvées de toute sorte, des privations, des fièvres, du défaut d'installation, des contrariétés provenant de la nature ou des hommes. Ces obstacles viennent à bout de la meilleure volonté et de la plus grande habileté, quand on n'a pas su se munir d'un outillage approprié au but que l'on poursuit, de maniement facile et d'installation rapide. C'est là une précaution essentielle. On y gagne au triple point de vue de la santé, de l'abondance des documents et de leur précision.

L'énumération rapide de quelques-unes des difficultés inhérentes aux travaux astronomiques dans l'Afrique équatoriale fera mieux ressortir l'importance de cette question.

Les conditions climatériques sont des plus défavorables dans ces régions. La vapeur d'eau est constamment en très forte proportion dans l'air. Cette vapeur d'eau, tenue en suspension dans l'atmosphère pendant la forte chaleur du jour, se condense brusquement peu après la tombée de la nuit. La soudaineté du phénomène est remarquable. Un soir, le ciel paraît propice; quelques étoiles brillent. Le temps d'installer le théodolite et de le niveler, le ciel s'est entièrement couvert; la brume commence à brouiller l'objectif de la lunette et le verre des montres, à ramollir les feuilles de papier, à tremper les vêtements. Les nuits favorables sont donc extrêmement rares; et cette circonstance réduit notablement les chances d'observer certains phénomènes déjà peu fréquents, comme les occultations. C'est ainsi que, de tout le temps qu'a duré la mission, il n'a pas été possible de faire une seule observation d'occultation.

Les lambeaux de brume qui courent presque constamment dans l'air impriment parfois aux images des mouvements peu compatibles avec l'exactitude du pointé.

Tantôt l'astre paraît vu à la surface d'une eau agitée, ou bien il fait de soudaines et rapides explosions, en envoyant des projections en tous sens. D'autres fois, il subit un déplacement brusque dans sa totalité.

L'observation du soleil ne donnerait que des résultats médiocres, si on n'y apportait la plus grande attention. Les déplacements de l'air surchauffé produisent des ondulations rapides et d'amplitude notable du bord de l'astre qui rendent indécis l'instant du contact avec le fil horizontal. Cette cause d'erreur se complique d'une autre plus grave encore : c'est l'action de la chaleur solaire sur l'instrument. La bulle du niveau est animée d'un mouvement incessant d'oscillation d'un bout à l'autre de la fiole, sans qu'on puisse affirmer, *à priori*, que ses positions extrêmes sont symétriques par rapport à la verticale. De plus, l'échauffement dérègle le niveau et courbe la branche du pied plus directement exposée aux rayons solaires. Il est bon de dresser le théodolite quelque temps d'avance pour le laisser se mettre en équilibre de température avec l'air ambiant.

Une grosse difficulté réside dans la présence des insectes de toute nature (moustiques, fourmis, termites ailés, minuscules papillons); leurs piqûres, leurs frôlements, leur irruption par multitudes innombrables, leur interposition devant l'œil, provoquent une impatience, un agacement qui font commettre des mouvements inconsidérés.

Mais les plus grosses erreurs proviennent des montres de torpilleur. Le cadran des secondes est trop petit, les divisions trop fines et trop serrées. Lorsque l'œil quitte le champ obscur de la lunette pour se reporter sur le cadran vivement éclairé, il subit un éblouissement qui nuit à la lecture.

Quant aux erreurs propres aux instruments, elles relèvent de leur théorie, et il n'en sera pas parlé ici. On a voulu seulement, en effet, dans cette note, exposer succinctement les difficultés résultant des conditions particulières dans lesquelles sont effectuées les opérations astronomiques en Afrique équatoriale.

Mesure des altitudes.

Le thermomètre de l'hypsomètre emporté ayant été cassé dès le début des opérations, le seul procédé devenu possible était celui basé sur l'emploi du baromètre anéroïde compensé.

Les baromètres à mercure sont trop incommodes et trop fragiles pour être emportés dans des missions à marche rapide.

L'altitude de chaque point était calculée à l'aide de la formule de Laplace.

Quelques précautions étaient indispensables pour les lectures. C'est ainsi qu'on ne faisait pas d'observation pendant le mauvais temps, pour ne pas s'exposer à donner des renseignements erronés. Les baisses énormes qu'enregistrait d'ailleurs le baromètre pendant les tornades ne subsistaient pas longtemps après la fin du phénomène.

Généralement, une heure après la pluie, l'aiguille était revenue à sa position normale.

D'autre part, les lectures étaient toujours faites à plat, pour éviter les erreurs provenant des positions différentes données à l'instrument.

Croquis. — Détails.

Le lever d'itinéraire était dessiné à l'échelle du 1/20.000e le soir même en arrivant à l'étape, d'après les mesures effectuées dans la journée. Les détails à droite et à gauche de la route parcourue étaient indiqués suivant les souvenirs encore frais de la marche.

Enfin, le travail était complété par les renseignements que fournissaient les indigènes sur les localités situées de part et d'autre de l'itinéraire. L'obtention de ces renseignements présentait d'ailleurs les plus grandes difficultés : les indigènes, soit par mauvaise volonté, soit par méfiance, soit par ignorance, donnaient des indications très divergentes et qu'il était impossible souvent de concilier.

La marche s'étant effectuée constamment dans la forêt, sous une voûte de verdure d'où il était impossible de voir les environs à plus de dix mètres de chaque côté du sentier suivi, on n'a pu songer à relever des points remarquables du voisinage par la méthode des recoupements.

Marche des opérations.

1° *A priori*, trois lieux de station pour les observations astronomiques étaient imposés par le tracé même de la frontière :

L'un, à la rencontre de l'Outemboni avec le 1er parallèle (observations de M'béto) ;

Un autre, à l'intersection du 1er parallèle et du 9e méridien (observations d'Oundong);

Le dernier, à l'intersection du 9e méridien et de la frontière sud du Cameroun (observations d'Ayaman).

Quant aux stations, elles étaient indéterminées. Il suffisait qu'elles fussent suffisamment rapprochées pour que le jeu à donner aux levers d'itinéraires en vue de faire cadrer ceux-ci avec le canevas des points astronomiques ne fût pas trop grand; mais il fallait en même temps qu'elles ne fussent pas assez éloignées les unes des autres pour que les erreurs commises sur la position de ces stations ne fussent pas assez grandes par rapport aux distances entre lesdites stations pour altérer grossièrement sur la carte la forme du terrain.

Le nombre des stations est de 15, donnant comme distance moyenne mesurée suivant le parallèle ou le méridien entre deux stations consécutives une longueur de 20 kilomètres, qui a paru convenable.

2°. — Les observateurs eussent désiré pouvoir relever astronomiquement la position de certains accidents naturels immuables, tels que les confluents de rivières. Mais les marais qui bordent les cours d'eau en défendent souvent les abords immédiats.

D'autre part, l'épaisseur de la brousse rend le ciel à peu près invisible; et, comme on ne pouvait entreprendre le travail considérable qu'aurait exigé le débroussement d'une étendue suffisante pour permettre les observations, il en résulte que celles-ci ne pouvaient être effectuées que dans les lieux débroussés, c'est-à-dire presque toujours dans les villages.

RÉSULTATS DES OPÉRATIONS

STATIONS.	LATITUDE.	LONGITUDE-EST Paris.	ALTITUDES en mètres au-dessus du niveau de la mer.
M'beto	0° 59′ 20″	7° 29′ 59″	20m,00
Ekododo	0° 58′ 15″	7° 34′ 39″	20m,00
Confluent du Mitombé.	1° 0′ 15″	7° 37′ 39″	29m,80
Assang	0° 59′ 23″	7° 34′ 3″	20m,00
Ephong	0° 59′ 35″	8° 0′ 5″	621m,78
Itam-Abam	0° 59′ 24″	8° 28′ 20″	674m,03
Aquas	1° 2′ 22″	8° 55′ 24″	807m,98
Foula	1° 2′ 3″	8° 58′ 12″	561m,67
Oundong	1° 1′ 19″	9° 1′ 51″	720m,43
Akoniki	1° 25′ 31″	9° 5′ 25″	735m,94
Bounmenam	1° 46′ 54″	9° 0′ 26″	546m,52
N'samezok	2° 3′ 9″	9° 3′ 41″	636m,40
Anguidedzan	2° 10′ 27″	9° 8′ 15″	610m,25
Mabentem	2° 9′ 34″	9° 4′ 28″	575m,50
Ayaman	2° 14′ 55″	9° 0′ 42″	488m,35

Ainsi qu'il résulte de l'examen de ce tableau, la commission a marché beaucoup plus près du 1er parallèle dans la première partie de son voyage, que du 9e méridien dans la seconde partie. L'explication en est simple : le commerce se faisant uniquement avec la côte, le nombre des sentiers se dirigeant de l'Est à l'Ouest est considérable, et la colonne a pu, parmi eux, en choisir qui fussent très voisins de la frontière. Par contre, elle a éprouvé beaucoup de difficulté à trouver, dans les rares sentiers nord-sud, des chemins peu éloignés du 9e méridien.

Conformément aux dispositions du protocole, la commission termina ses travaux à l'intersection de ce méridien avec la frontière sud du Cameroun. Il ne lui restait plus alors qu'à rejoindre la côte, ce qu'elle fit en longeant à peu près cette frontière.

Elle avait relevé environ 1.000 kilomètres d'itinéraires, dont la plus grande partie en pays encore inexploré, où le climat est des plus malsains. Tous les Européens furent successivement atteints (fièvre, dysenterie, abcès au foie); de même que, sur les huit membres de la commission franco-allemande, qui opérait dans la même région, cinq avaient dû être rapidement hospitalisés, tandis que les trois autres étaient rapatriés.

D'autre part, les opérations se poursuivaient au milieu d'une population hostile, qui ne guettait que l'occasion d'un massacre.

Malgré ces difficultés de toutes sortes, grâce à son extrême prudence et à l'accord qui n'a cessé de régner entre les commissaires des deux gouvernements, la commission a pu accomplir pacifiquement et intégralement la tâche qui lui avait été confiée.

III

Climat et orographie.

I. — Le climat et le régime des eaux.

Description générale. — On sait que le Congo français est traversé entièrement, du Nord au Sud et parallèlement à la côte, par un groupe montagneux qui établit une ligne de démarcation bien définie entre la région maritime et la région de l'intérieur : cette chaîne porte le nom de monts de Cristal.

Dès qu'en venant du littoral on a dépassé cette longue artère montagneuse, on s'aperçoit que le sol s'élève progressivement vers l'Est par une série de plateaux. Par suite de cette conformation du terrain, les cours d'eau se trouvent divisés, d'une façon générale, chacun en trois biefs bien distincts : l'un, celui qui coule dans la zone maritime, est navigable ; le second, qui traverse la zone des gradins, est entièrement obstrué par des chutes ou des rapides ; enfin, le troisième, qui se trouve sur les hauts plateaux, est quelquefois aussi coupé par des rapides.

Le pays parcouru par la commission présente bien, en effet, ces caractères généraux. Sa configuration d'ensemble est celle d'un plateau dont les monts de Cristal forment comme l'immense talus vers la mer, et qui s'élève ensuite progressivement jusqu'à 800 mètres d'altitude, à l'intersection du 1er degré de latitude nord avec le 9e degré de longitude est.

Ce plateau, d'où émergent de rares pics isolés, est coupé de dépressions de forme et d'importance diverses, au fond desquelles coulent d'innombrables cours d'eau.

Littoral. — De l'embouchure de la rivière Campo ou N'tem jusqu'au cap Saint-Jean, la côte est coupée par une multitude de cours d'eau et bordée par un assez grand nombre de villages : elle forme la baie de Bata et reçoit le fleuve Benito ou Voleu.

Après le cap Saint-Jean s'ouvre une vaste baie, qui renferme quatre îles, dont la plus importante est Corisco ; les trois autres sont Banya, la grande et la petite Elobey. Dans la baie de Corisco se jette la rivière Mouny.

Cours d'eau. — La rivière Campo ou N'tem est un cours d'eau très important ayant jusqu'à 800 mètres de largeur ; son cours inférieur sert de frontière entre le Cameroun et la colonie espagnole.

La rivière Benito ou Voleu est navigable sur un parcours d'environ 35 kilomètres jusqu'à Yobé.

Enfin, la rivière Mouny n'est qu'une artère large et courte, à laquelle viennent se réunir, en forme d'éventail, le Kongué, l'Utungo, le Bonie, l'Outemboni et le Noyo.

Météorologie. — Bien que les observations météorologiques faites chaque jour en un lieu différent ne présentent pas le même intérêt qu'une série d'observations effectuées en un même point, j'ai cru devoir relever en chaque lieu de stationnement, et plusieurs fois par jour, la température, l'humidité, la pression, le vent et la pluie. Le pays parcouru n'ayant que des dimensions assez restreintes, les résultats obtenus donnent une indication générale sur les conditions climatériques de la région à l'époque où elle a été visitée.

Le baromètre et les thermomètres ont été comparés au Bureau central météorologique. La commission n'avait pas emporté d'instruments enregistreurs, d'abord parce qu'ils sont trop délicats pour qu'on puisse compter sur eux en voyage, ensuite parce qu'ils n'auraient d'ailleurs pas pu être installés à cause des déplacements journaliers de la colonne.

Température. — La température était mesurée avec un thermomètre fronde à mercure; les maxima avec un thermomètre à mercure ; les minima avec un thermomètre à alcool.

La température moyenne a varié entre 23° et 27°. La différence entre les températures extrêmes de la journée, généralement faible, n'a pas dépassé 14°.

Humidité. — L'humidité était mesurée à l'aide d'un psychomètre [un thermomètre à fronde à mercure et un autre semblable dont le réservoir était entouré d'une mousseline mouillée]. L'humidité relative a été calculée au retour à l'aide de la table VIII-B annexée aux *Instructions météorologiques* d'Angot. Elle a varié de 67 à 92.

Vent. — On n'avait pas emporté d'anémomètre. La direction du vent était indiquée, par une simple banderolle légère. Quant à sa force, elle était marquée à l'échelle, dite terrestre, par les chiffres de 0 à 6, correspondants aux cas où la fumée est verticale, où le vent agite les feuilles légères, les petites ou les grosses branches, plie les petits troncs, brise les petites branches ou déracine les arbres.

D'ailleurs, sauf pendant quelques jours, où a soufflé un vent assez faible, le calme le plus complet a régné dans l'atmosphère.

Pluie. — Quant à la pluie, elle a commencé à tomber le 19 août, et, à partir de cette date, il a plu à peu près tous les jours, généralement sous forme d'orage, jusqu'au 5 octobre : la pluie a cessé alors complètement. Pendant cette saison humide, la quantité d'eau moyenne tombée par jour était de 26 millimètres.

Pression. — On a employé un baromètre anéroïde altimétrique compensé, gradué de 780 à 605 millimètres, et permettant de faire des lectures d'altitudes atteignant 1.900 mètres.

Généralement, la pression baissait de midi à 4 heures, montait de 4 heures à 10 heures du soir, baissait jusqu'à 4 heures du matin, et montait jusqu'à midi : la variation était d'environ 2 millimètres.

Au retour, on a calculé les pressions ramenées à zéro (à l'aide de la table I, annexée aux *Instructions météorologiques* d'Angot), et corrigées de l'erreur instrumentale connue par la comparaison effectuée au Bureau central météorologique.

Observations. — D'une manière générale, ce qui frappe le plus dans l'examen de tous les phénomènes météorologiques observés dans cette région, c'est leur régularité.

II. — Géologie et minéralogie.

Récolte des échantillons. — Par suite de l'absence de coupures dans le sol, il est très difficile d'étudier la composition de ce dernier. La couche supérieure, constituée par de l'argile, recouverte elle-même d'une forte épaisseur d'humus, est très profonde ; et c'est seulement dans les berges des cours d'eau, qui sont d'ailleurs peu élevées, et dans les trous formant pièges et profonds d'environ deux mètres, que cet examen peut être fait. Quant aux échantillons, sauf en quelques points assez rares où des bancs de grès émergent au-dessus de l'argile, ils n'ont pu être récoltés que dans le lit des rivières, où ils avaient très vraisemblablement été entraînés depuis des régions supérieures.

Composition des roches. — D'après les résultats de la détermination de ces échantillons, effectuée par M. Offret, professeur de minéralogie à la Faculté des sciences de Lyon, les roches de cette région comprennent surtout du grès, du quartz, de l'amphibolite, de la latérite. Le quartz et les quartzites se rencontrent sous les espèces les plus diverses. On trouve des affleurements de silice ou de silicate d'une blancheur éclatante; les indigènes s'en servent quelquefois pour blanchir leurs cases; souvent aussi les veuves s'en enduisent le corps : c'est leur manière de porter le deuil. L'eau de certains ruisseaux à courant lent ressemble à de l'eau de chaux, à cause de la silice en suspension qu'elle contient.

La Commission a recueilli aussi de la pierre à fusil, dont les Pahouins ignorent la propriété, car ceux qui sont armés de fusils à pierre n'emploient que les pierres venues d'Europe.

Aucun fossile n'a été trouvé dans les terrains sédimentaires.

Constitution du sous-sol. — De l'examen des échantillons et de la configuration du pays, il semble résulter que les roches primitives, granit et quartz, constituent comme la base du sol. Celui-ci est recouvert d'une épaisse nappe d'argile ferrugineuse, au-dessus de laquelle les affleurements rocheux (schiste siliceux, micaschiste, grès) sont rares.

L'énorme développement de l'argile ferrugineuse est un des caractères les plus frappants de la géologie de la région parcourue. C'est un produit de décomposition superficielle plus ou moins remanié par les eaux; mais, tandis que dans les pays tempérés cette destruction est le plus souvent très limitée, elle prend ici une importance capitale par l'action combinée d'une température très élevée et de pluies abondantes. Les roches qui donnent naissance à cette argile sont principalement les schistes et les granits.

Au sujet de la constitution du sous-sol, M. Offret s'exprime comme il suit :

« Il semble qu'on puisse en déduire que le pays traversé est composé d'un soubassement cristallophyllien (micaschite, amphibolite) renfermant des intercalations de roche éruptive (granite).

» Ce soubassement est recouvert d'un étage de grès que l'absence complète de fossile empêche de classer, mais qui est vraisemblablement crétacique, étant données nos connaissances générales sur cette partie de l'Afrique.

» Au-dessus se trouverait un revêtement final de latérite, c'est-à-dire une sorte de manteau ferrugineux très spécial à ces contrées tropicales et que l'on trouve également en grande quantité dans l'Inde.

» Ces données générales sont conformes à tout ce que nous savons déjà sur cette partie de l'Afrique. »

Minéralogie. — La seule matière minérale qui se rencontre dans cette région est un minerai de fer (latérite); mais il y est assez peu abondant : la commission n'en a vu qu'à Ekododo, en deux ou trois points dans l'intérieur, puis à Jengué (chutes du Campo).

Cette rareté explique que la fabrication du fer par les indigènes soit nulle : en tout cas, la commission n'en a pas trouvé trace.

IV

La Flore.

I. — Généralités.

En tout pays, la nature du tapis végétal est un élément essentiel, non seulement du paysage, mais encore de la vie matérielle des populations. La flore ne pouvait donc me demeurer indifférente, et je n'ai perdu aucune occasion de la noter chaque fois qu'il n'en résultait point de retard pour la marche des opérations de délimitation proprement dites. Un herbier des principales espèces rencontrées a été composé et remis au directeur du Jardin colonial.

II. — Produits naturels du sol.

Le sol est recouvert partout d'un humus sédimentaire considérable, qui a produit la puissante végétation de la forêt tropicale, laquelle par la chute de ses feuillages, de ses branches et de ses troncs se réduisant continuellement en engrais, donne au sol une fécondité illimitée.

Les arbres, enchevêtrés de lianes, atteignent jusqu'à vingt et trente mètres de hauteur.

Les principales espèces remarquées sont les suivantes :

Caoutchouc. — Le caoutchouc est représenté par les espèces les plus différentes : lianes grimpantes ou rampantes; des arbres dont la hauteur atteint plus de vingt mètres; et de nombreuses espèces arborescentes.

Les indigènes obtiennent la coagulation du latex par l'action de la chaleur seule. Ils ne connaissent pas, en tout cas ils n'emploient pas, à cet effet, certains produits végétaux (baobab, etc.), qui amènent la coagulation par l'action de leur tannin ou de leurs acides.

Les Pahouins ont l'habitude, non pas seulement de saigner les lianes, mais encore de les couper, pour en extraire le plus de lait possible. Il en résulte que les lianes à caoutchouc ont disparu déjà en grande partie.

Palmier. — Le palmier est abondant. Les principales essences sont : le *raphia*, qui se trouve seulement près de la côte, de même que le *palmier à huile;* le *palmier-bambou*, qui sert à la construction des cases; enfin les indigènes consomment les jeunes bourgeons d'un palmier à tige très mince, qui est le *rotang :* les Européens donnent à ce bourgeon le nom de palmier-asperge.

Arbre à étoffe. — L'arbre à étoffe (urostigma vogelii), se rencontre de distance en distance, mais paraît assez rare dans cette région.

Pandanus. — Le pandanus pousse près des rivières; ses feuilles sont utilisées pour la fabrication des nattes.

Ebène. — L'ébène, appelé évila par les Pahouins, donne un bois noir très dur, à aubier blanc. On en exporte quelques billes prises dans le voisinage de Mouny.

Okoumé. — L'okoumé, appelé angouma par les Pahouins, se rencontre partout; il sert à la construction de grandes pirogues. C'est un très beau bois rose et dur. Les paquebots rentrant en Europe viennent en charger des billes dans le Mouny; mais cette exportation tend à diminuer.

Palétuvier. — Le palétuvier, appelé n'tan, par les Pahouins, forme de véritables forêts impénétrables au bord des rivières là où l'eau est salée, dans le voisinage de la côte, et principalement dans les îles du Mouny. Il donne un bois rougeâtre très dur. L'écorce, très bonne pour le tannage des peaux, est exportée des rives du Mouny.

Fougère. — La fougère en arbre, atteignant jusqu'à 12 mètres de hauteur, est très répandue.

Baobab. — Le baobab, qui atteint de fortes proportions, se trouve de distance en distance.

Combo-Combo. — Le combo-combo, appelé assan par les Pahouins, donne un bois blanc très léger, et sert à faire des radeaux.

Arbre à Kola. — L'arbre à kola paraît assez rare dans la région visitée.

Fromager. — Le fromager, très commun, donne un bois très léger, dans lequel on creuse des pirogues.

Le pays ne comporte aucun pâturage; l'élevage, par suite, ne peut compter dans les ressources de la contrée.

III. — Cultures.

Bananier. — Les bananiers sont cultivés pour leurs fruits près de tous les villages.

On trouve, mais rarement, la banane d'argent ou banane-figue, petite, savoureuse, recherchée par les Européens; mais plus souvent la banane-cochon, plus grande, moins savoureuse, mais plus nourrissante, surtout appréciée des noirs, pour lesquels elle constitue un aliment de première utilité.

Cacaoyer. — La commission n'a vu de cacaoyers qu'à Jengué, aux chutes du Campo, dans une concession de la Société du Haut-Ogoué, et dans quelques villages côtiers au nord de Bata, où ils donnent de beaux produits.

Manioc. — Les racines tuberculeuses du manioc constituent la partie principale de l'alimentation des Pahouins. Ces racines, mondées de leur écorce, sont immergées pendant plusieurs jours dans un ruisseau à courant très faible où la fermentation détruit rapidement la substance vénéneuse contenue dans les tissus. A la suite de ce traitement, le manioc peut être consommé sous diverses formes.

Des plantations de manioc existent près de tous les villages. Elles épuisent rapidement le sol.

Citronier. — Le citronier a été rencontré, mais exceptionnellement; il est toujours dans le voisinage immédiat des villages.

Arachide. — L'arachide croît très bien dans la région, et la Commission en a vu souvent.

Patate. — La patate est cultivée dans un grand nombre de localités.

Ananas. — On voit souvent de l'ananas dans les villages, devant les cases.

Il croît aussi dans la forêt, mais on l'y rencontre rarement. Il est alors surtout répandu le long des sentiers. C'est que les indigènes emportent avec eux des fruits dont ils perdent en route les graines ou les œilletons, et la plante se propage ainsi de proche en proche, et gagne peu à peu les régions les plus éloignées du littoral.

Pourpier. — Les indigènes consomment les feuilles du pourpier, plante que l'on rencontre fréquemment autour des lieux cultivés.

Igname. — L'igname possède des tubercules comestibles gorgées d'une fécule volumineuse et atteignant souvent un poids considérable.

Les indigènes plantent l'igname près de leurs cases.

Maïs. — Le maïs est cultivé à peu près partout.

Canne à sucre. — Il en est de même de la canne à

sucre ; toutefois on la rencontre plus souvent dans l'intérieur qu'au voisinage de la côte.

Tabac. — Le tabac est cultivé à proximité de quelques villages, mais sa culture est très limitée.

Courges. — Les graines des courges sont recherchées par les indigènes, qui consomment ces amandes, soit crues, soit grillées.

Piment. — Le piment, qui donne de très petits fruits d'un rouge vif et d'une saveur extrêmement forte, est une plante qui vient presque sans soins, et que l'on rencontre même croissant à l'état demi-sauvage, sur les décombres, autour des cases ou dans les champs abandonnés.

Taro. — Le taro fournit des tubercules farineux, qui constituent un aliment excellent; ils sont, en effet, gorgés de fécule et ont l'avantage de ne présenter aucune saveur trop particulière ou trop accentuée. Cette plante est cultivée près des villages.

IV. — Résumé.

En résumé, la seule richesse naturelle exploitée est le caoutchouc, mais la récolte en est réduite faute de main-d'œuvre.

Quant aux cultures (manioc, bananier, maïs, etc.), les indigènes les limitent à leurs besoins. Ils n'ont généralement d'autre instrument que la matchette; dans un seul village, à Otomo, ont été vus d'autres outils rudimentaires, analogues à la bêche et au louchet. Il est à remarquer enfin que, plus on s'avance vers l'Est, plus la population semble s'adonner à l'agriculture.

La fertilité excessive de ces terrains vierges permettrait certainement d'y acclimater d'autres produits qui, sous un faible volume, représentent une grosse valeur, tels que le café et la vanille.

V

La Faune.

La forêt est si épaisse que les animaux de forte taille ne peuvent y circuler; aussi n'en rencontre-t-on que dans les régions où la brousse est moins dense, principalement dans la partie nord de l'itinéraire suivi.

Carnassiers. — Panthère, tigre, chat-tigre, chat sauvage.

Pachydermes. — Les plus communs sont : l'éléphant, qu'on ne trouve guère que dans le voisinage du N'tem, au sud du Cameroun; et l'hippopotame.

Ruminants. — Les ruminants sont : l'antilope, qui compte différentes espèces, depuis l'antilope-cheval jusqu'aux plus petites espèces; le bœuf sauvage; un mouton sans laine, et plusieurs espèces de chèvres au poil ras ou long.

Singes. — Les singes sont en assez grande quantité. Les individus de grande taille sont le chimpanzé et le gorille, mais celui-ci est rare; puis viennent les petites espèces dont les spécimens les plus connus sont le macaque et le ouistiti.

Rongeurs. — Les plus communs sont : le rat ordinaire, qui atteint de fortes proportions; le rat palmiste, et l'écureuil.

Oiseaux. — On remarque principalement le passereau, l'oiseau-mouche, le colibri, le foliotocole, le merle métallique, le cardinal, le touraco, le martin-pêcheur, le pigeon, la tourterelle, la poule de basse-cour, le canard, le perroquet gris.

Insectes. — Une collection d'insectes a été rapportée et remise au directeur du Jardin colonial.

Leur nomenclature serait trop longue. Je citerai seulement les principaux : l'abeille et la guêpe, peu abondantes; la fourmi [noire, rouge ou blanche (termite)]; le cancrelat; la chique; l'araignée; le mille-pieds.

Les coléoptères suivants ont été déterminés par M. Fleutiaux.

Metopodontus Planeti Boil.
Archon centaurus Fab.
Eudicella Morgani White.
Plesiohina watkinsiana Lew.
Chrysaspis aurovittata Saund.
Chiroscelis passaloides Westw.
Strongylium sp.
Callichroma afrum L.
Callichroma sp.
Prosopocera sp.
Sternotomis imperialis Fab.

M. Finot a déterminé les orthoptères ci-après :

Rhyparobia Maderæ Fab.
Zonocerus variegatus L.
Leproscirtus granulosus Karsch.
Cymatomera argillata Karsch.
Acanthophus sp.

La faune entomologique est très riche en ce qui concerne les papillons, d'espèces très variées, et qu'on trouve très nombreux, surtout près des rivières.

Les moustiques, particulièrement les petits, sont innombrables; ces animaux microscopiques produisent par leurs piqûres des démangeaisons très violentes.

Reptiles, crocodiles, sauriens. — Le serpent noir très commun, le serpent vert ou serpent des bananiers, la vipère au museau uni, etc.

Les crocodiles se rencontrent dans le Voleu, le N'tem et l'Outemboni.

Comme sauriens, il n'y a guère que l'iguane et le caméléon.

Les tortues sont assez communes.

Batraciens. — Crapauds et grenouilles.

Poissons. — Les rivières sont très poissonneuses. Elles sont coupées de barrages de pêche ingénieux disposés de façon à prendre les poissons qui descendent comme ceux qui remontent le courant.

Les indigènes ne mangent généralement le poisson que lorsqu'il est sec.

BIBLIOTHÈQUE NATIONALE R.F. IMPRIMÉS

VI

Le commerce.

Dans les conditions actuelles, on ne se livre, dans la région visitée, qu'à deux genres de commerce : l'un, qui consiste à retirer du pays ce qu'il produit spontanément, comme le caoutchouc et le bois, et l'autre, qui comprend la vente de produits manufacturés aux indigènes.

Le commerce est presque entièrement aux mains de maisons étrangères, surtout allemandes.

Chaque traitant est vendeur de toutes sortes d'articles, les factoreries n'ayant pas de spécialité et pouvant être comparées plutôt à des bazars.

Le numéraire n'existe pas; la monnaie, c'est la marchandise, et le commerce est l'échange. Or, les marchandises d'échange varient un peu d'une contrée à une autre, et il importe beaucoup pour les commerçants comme pour les voyageurs, de les connaître de la façon la plus précise.

Les tissus ont cours presque partout; mais ici, la meilleure monnaie c'est la perle; ailleurs les étoffes les plus voyantes, aux dessins les plus bizarres, sont les objets recherchés, tandis qu'à côté les coutelas et les matchettes, le tabac, les bracelets en laiton, les miroirs, les pierres à fusil, la bouteille de tafia, les boutons de chemise et le sel obtiennent la préférence. Comme marchandises acceptées en paiement par les indigènes, on peut encore citer la poudre, les pipes en terre, les grelots et sonnettes; puis d'autres petits articles, tels que hameçons, aiguilles, pommade en boîtes, huile parfumée, ciseaux, etc.

Les principaux articles sur lesquels porte l'exportation sont les bois et le caoutchouc.

Le commerce des bois a pris un certain développement dans le Mouny, parce que l'embarquement des billes est rendu facile par l'absence de barre.

Quant au caoutchouc, ce sera une des principales ressources de la région, si l'on peut arrêter la destruction des plantes productrices par les indigènes paresseux, qui n'hésitent pas à couper les lianes pour en extraire la plus grande quantité possible de latex, peu soucieux de savoir s'ils détruisent à jamais la source d'un revenu facile.

ITINÉRAIRE SUIVI PAR LA COMMISSION DE DÉLIMITATION

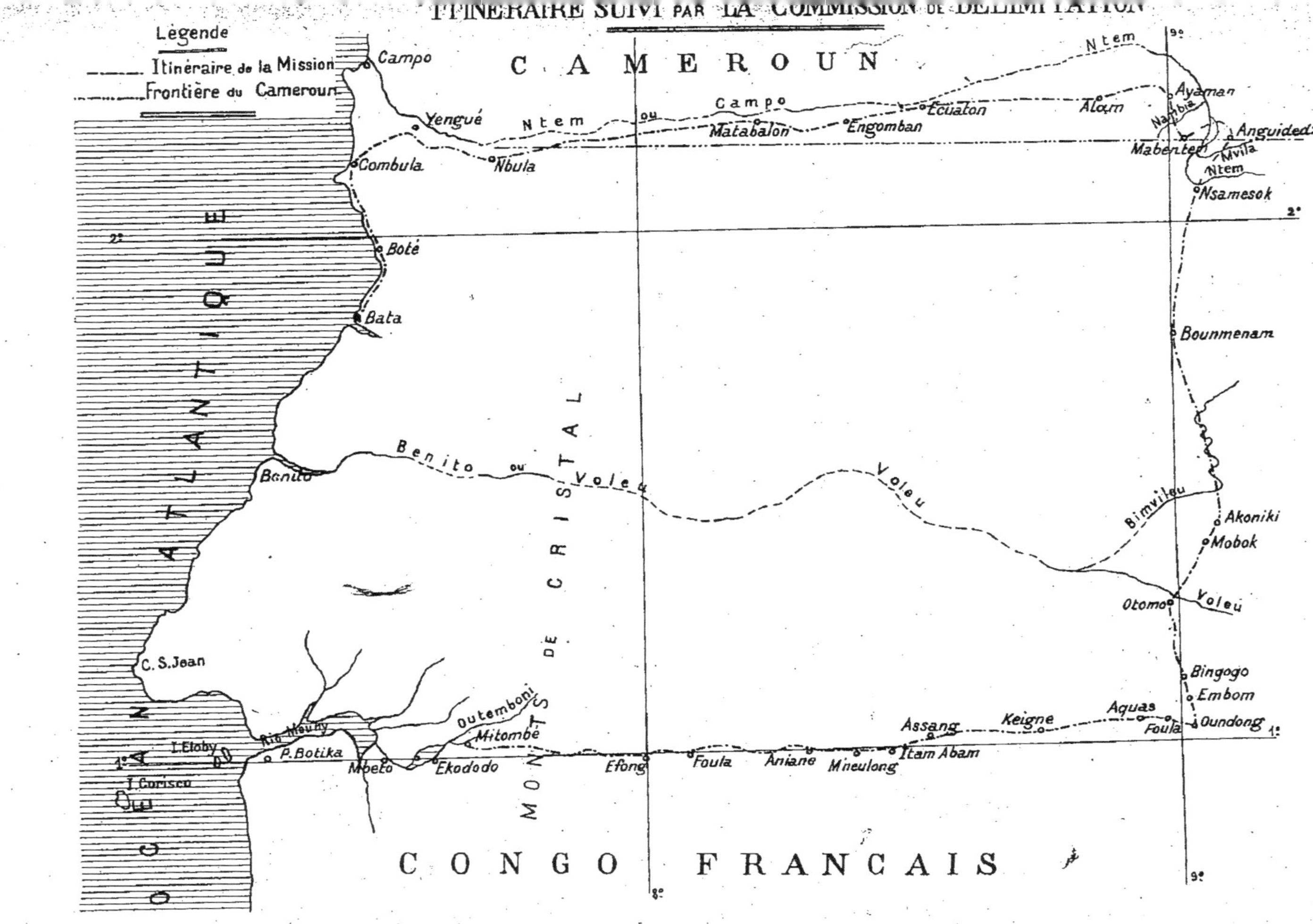

TABLE DES MATIÈRES

ANNEXES

PHOTOGRAPHIES

BIBLIOTHÈQUE NATIONALE
RF
IMPRIMÉS

Paris et Limoges. — Imp. milit. Henri CHARLES-LAVAUZELLE.

www.ingramcontent.com/pod-product-compliance
Ingram Content Group UK Ltd.
Pitfield, Milton Keynes, MK11 3LW, UK
UKHW021055270726
13967UKWH00012B/1497

9 782012 934092